«Es un libro imprescindible pa[...]
el *influencer marketing*. Una gu[...]
de la influencia y desarrollar la X122643182   **BAR**

Alfonso Aznar
Head of Social Media & Digital Havas

«Los presupuestos para *influencer marketing* aumentan cada año y necesitamos comprender bien los procesos de influencia y el poder de cada red social para hacer colaboraciones con *influencers* eficaces. En este libro encontrarás una útil hoja de ruta para este fin».

Javier Carmona
Head of Social Media en Wunderman Thompson Spain

«Estamos viviendo un momento de la historia hasta ahora desconocido. El consumidor actual está más informado que nunca, aunque paradójicamente asume como veraces noticias y comentarios que no están basados en realidades contrastadas. También en el mundo de la alimentación asistimos a un fenómeno preocupante de exceso de información y falta de fuentes fiables y las marcas de alimentación y bebidas necesitan nuevas herramientas para llegar a los nuevos consumidores. Sin duda, el libro *Influencer Marketing* aborda estrategias novedosas y prácticas para conseguir reconquistar esos territorios perdidos y conectar con el nuevo consumidor».

José Miguel Herrero
Director general de la Industria Alimentaria en Ministerio
de Agricultura, Pesca y Alimentación

«La moda es uno de los sectores pioneros y con mayor exposición a las redes sociales donde los *influencers* tienen un papel clave. Este libro es una guía imprescindible en tu plan de *Influencer Marketing*».

Isabel Mascareñas
Digital PR & VIP Relations en LOEWE

«Twitter ha propiciado el incremento exponencial de los líderes de opinión digitales, los *influencers*. La autora explica con precisión las claves del *influencer marketing* para cada red social y los diferentes tipos de *influencers*».

Emilio Pila
Head of Twitter Next

«Creatividad y estrategia siempre deben ir de la mano, especialmente en los planes de *influencer marketing*. El libro explica diversas estrategias para lograr con éxito nuestros objetivos».

Miguel Roca
Head of Digital Strategy en Sra. Rushmore

«En *Influencer Marketing* la autora propone una visión estratégica de los planes de marketing con líderes de opinión que implican a toda la compañía y ponen al cliente en el centro de la empresa».

Javier Ruiz
Head of Digital en Serviceplan Spain

Influencer Marketing

Patricia SanMiguel

Prólogo de Víctor Conde

Influencer
Marketing

MADRID | CIUDAD DE MÉXICO | LONDRES
NUEVA YORK | BUENOS AIRES
BOGOTÁ | SHANGHÁI | NUEVA DELHI

Colección Acción Empresarial de LID Editorial Empresarial, S.L.
Sopelana 22, 28023 Madrid, España - Tel. 913729003 - Fax 913728514
info@lidbusinessmedia.com - lidbusinessmedia.com

A member of:

businesspublishersroundtable.com

© Patricia SanMiguel 2020
© Víctor Conde 2020, del prólogo
© LID Editorial Empresarial 2020, de esta edición

EAN-ISBN13: 9788417277567
Directora editorial: Laura Madrigal
Editora: Lucía Beniel
Corrección: Cecilia González Godino
Maquetación: produccioneditorial.com
Diseño de portada: Juan Ramón Batista
Impresión: Cofás, S.A.
Depósito legal: M-40779-2019

Impreso en España / *Printed in Spain*

Primera edición: enero de 2020

Te escuchamos. Escríbenos con tus sugerencias, dudas, errores que veas o lo que tú quieras. Te contestaremos, seguro: info@lidbusinessmedia.com

A mis *influentials*.

ÍNDICE

«La influencia no es solo una herramienta de marketing. La influencia también se está utilizando para remodelar la cultura y nuestras percepciones de lo que es y no es aceptable [...]. Para bien o para mal, la era de la influencia está aquí. La pregunta es: ¿cómo vas a usar la tuya?»

Imran Amed
Fundador y CEO en The Business of Fashion

PRÓLOGO

El gran desafío del marketing siempre será ayudar a las empresas a conectar con su público, desafío cada vez más complicado en un entorno abrumado por la sobreabundancia de impactos publicitarios y conexiones sociales.

Los consumidores cada vez son más digitales; según el Estudio Anual de Redes Sociales de 2019 de IAB Spain, el 85.5 % de los internautas de 16 a 65 años utiliza redes sociales, es decir, más de 25 millones de usuarios en España. WhatsApp, Facebook, YouTube e Instagram son las redes sociales que más se utilizan. Estas redes se han convertido en un canal de información e influencia clave. De hecho, según el mismo estudio, un 68 % de los usuarios declara seguir a algún *influencer* en redes sociales, porcentaje que incrementa de forma considerable si solo tenemos en cuenta a las generaciones más jóvenes, los *millennials* y la generación Z.

Como consecuencia, y tal como vienen reflejándolo los estudios de la Asociación de Marketing de España (Análisis de las Inversiones de Marketing en España AMES, Índice IEDM de Expectativas de los Directores de Marketing y el Índice i3D de Transformación Digital), en los últimos años los presupuestos en marketing digital continúan aumentando. Se prevé para 2023 un incremento del 8.8 % del gasto publicitario en redes sociales, lo que supondría un volumen de mercado en España de 1.2 millones de euros (Statista 2019). La elaboración de estrategias de marketing en redes sociales no solo permite a las marcas incrementar su exposición, sino también conseguir objetivos tan necesarios como aumentar el tráfico a sus webs, generar más lealtad y prescripción entre los consumidores, incrementar el número de *leads*, mejorar las ventas y conectar con las generaciones más jóvenes.

En la actualidad, las empresas y toda su estrategia de marketing deben poner al cliente como centro neurálgico de su actividad; es cada vez más necesario buscar formas de conectar con él, de escucharle para fomentar el diálogo y el verdadero conocimiento de sus inquietudes, intereses, necesidades y deseos. Para atraer y conectar con nuestros clientes el primer paso siempre es el conocimiento.

Cada vez más consumidores apuestan por marcas con valores, comprometidas con la sociedad y el medio ambiente. Por esto, tal y como venimos pregonando desde que la Asociación MKT publicó el Código Ético del Marketing (a principios de 2014), es necesario apostar por un marketing ético, comprometido y único, donde lo importante es la confianza y la relación que se establece entre la marca y el consumidor. Y, además, es más rentable y sostenible ser ético que no serlo.

En estas circunstancias, las marcas buscan las mejores estrategias para conectar con el cliente y prescribir sus productos, apoyándose principalmente en otros consumidores reales y cercanos en los que puedan confiar sus clientes; y es esta una de las razones por las que el *influencer marketing* ha incrementado exponencialmente en los últimos años.

El marketing basado en líderes de opinión siempre ha existido. Marcas y agencias de marketing han tratado de colaborar con expertos, periodistas o *advocates* para apoyar el lanzamiento de sus campañas o reforzar sus mensajes. Pero no se puede obviar que el marketing de influencia va ganando más popularidad, año tras año y gracias al desarrollo tecnológico. Nadie puede negar la relevancia de los *influencers* en la difusión de nuevos productos y tendencias en el mercado, su capacidad para conectar con los públicos más jóvenes, su poder de prescripción y su habilidad para generar contenidos digitales de interés para sus audiencias macro o micro. No es de extrañar que las empresas aumenten cada año su inversión en *influencer marketing* y lo establezcan como una de las áreas principales del marketing digital.

Mucho se especula sobre el fin de la burbuja de los *influencers*, la desaparición de los que tienen audiencias de tamaño medio, el impacto negativo de las normas que regulan las colaboraciones con *influencers*, la saturación de acciones con *influencers* en Instagram o la inflación de las tarifas. La realidad es que la aparición de nuevas redes sociales transforma continuamente estas estrategias de marketing, pero transformación no quiere decir fin o saturación. El marketing de influencia continúa profesionalizándose y madurando, y todavía existe un largo camino que recorrer. Categorías de producto como moda, belleza, videojuegos o viajes están más avanzadas en el desarrollo de relaciones y colaboraciones con *influencers*; sin embargo, quedan muchos otros sectores donde estas colaboraciones están comenzando apenas.

Ante este panorama, las agencias y empresas de marketing y comunicación están desarrollando equipos especializados en *influencer marketing*, así como herramientas digitales para la identificación y gestión de perfiles influyentes. Los profesionales del marketing son conscientes de que el éxito de estas acciones depende de una correcta elección de los influyentes y de una medición cada vez más rigurosa del retorno de la inversión.

Es esencial entender que el marketing de influencia ha de ser integrado en todas las actividades de marketing de manera transversal en las empresas. Cada vez es más artificial la diferenciación *offline* y *online* y, lo que realmente conviene es trabajar coordinadamente todas las acciones de todos los departamentos. Es lo que en MKT llamamos *all-line*. Y en este contexto, el *influencer marketing* puede servir como palanca de cambio, como catalizador de la transformación digital de una empresa.

En *Influencer Marketing*, Patricia SanMiguel recoge las principales claves para desarrollar campañas exitosas con influyentes y nos introduce en la ciencia de la influencia. A través de estos nueve capítulos, la autora realiza un análisis y guía práctica del marketing de influencia. Los cuatro primeros capítulos se centran en explicar los momentos clave de influencia en el *customer journey*, cómo podemos conectar mejor con las diferentes generaciones, las tipologías de *influencers* y los diferentes sectores en los que el *influencer marketing* está más desarrollado. El quinto capítulo, parte central del libro, desarrolla paso a paso todas las etapas para realizar un plan exitoso de *influencer marketing*. Posteriormente, los siguientes tres capítulos destacan las estrategias con *influencers* más efectivas, las herramientas y agencias especializadas y diversos casos de estudio. Finalmente, el último capítulo presenta los desafíos, retos y tendencias del marketing con influyentes culminando con la propuesta la Influencia 3.0.

Bienvenidos a la era de la influencia en la que consumidores y empresas necesitan, más que nunca, del apoyo de personas capaces de influir en la sociedad y liderar el cambio. Y creo que este libro nos ayuda a acercarnos, a comprender y a gestionar mejor toda esta nueva realidad.

¡Gracias, Patricia, por este trabajo!

Víctor Conde
Director general en Asociación de Marketing de España

INTRODUCCIÓN

La influencia personal está de moda. Las empresas son conscientes del papel de los influyentes en los mercados y del poder que ejercen en los consumidores. Muchas marcas ya apuestan por trabajar con ellos para llegar a un tipo de público específico, promocionar un nuevo producto o servicio, dar a conocer un evento, humanizar la marca... En los últimos años, múltiples medios de comunicación han ido mostrando un creciente interés social y empresarial por el tema: *The Guardian* (2017) señalaba que «las *millenials influencers* son las nuevas estrellas de la publicidad *online*»; *El País* (2018) realizaba un reportaje sobre «El gran negocio de los *influencers*»; *The New York Times* analizaba en profundidad las consecuencias negativas del incremento de los *influencers* en un reportaje titulado «La fábrica de seguidores. Todos quieren ser populares en internet. Algunos incluso pagan por ello. Descubre el mercado negro de las redes sociales»; y *Cinco Días* advertía de los «Peligros de fichar a un *influencer*».

No cabe duda de que la influencia ya no es un atributo exclusivo, reservado a unos pocos. En la era digital o la era de la conectividad, la comunicación está al alcance de todos; diarios *online*, foros, blogs y redes sociales no solo posibilitan a las personas acceder a todo tipo de información, sino que también permiten una comunicación directa entre todos los usuarios de la red. Ahora, cualquier voz es susceptible de ser escuchada por millones de personas; internet permite que ciudadanos, empresas e instituciones se relacionen de forma más directa y personal, sin intermediarios.

Cientos de mensajes, de contenidos y de opiniones fluyen por la red. Ante esta realidad, donde todas las voces pueden ser escuchadas, cabe preguntarse: ¿cuáles son las que realmente se escuchan? o, cuando todos presentan sus opiniones y tienen la capacidad de influir, ¿quiénes lideran la opinión o son realmente influyentes?

En este contexto, se produce el auge de los denominados *influencers*, individuos que consiguen que sus voces destaquen sobre las del resto, personas que logran posicionarse como referentes de opinión y comportamiento en un ámbito determinado. En los últimos años, se han incrementado las campañas de marketing basadas en líderes de opinión o *influencers*, con el fin de acercarse a los consumidores y transmitirles sus mensajes y productos de una forma más personal. Las empresas son conscientes de la fuerza que ha adquirido el boca a boca en el entorno digital a la hora de influir en los consumidores.

Los *influencers* ayudan a las marcas a conectar con su público objetivo de forma natural y espontánea, un valor incalculable en momentos de saturación publicitaria. Además, favorecen la creación de mensajes publicitarios personalizados, de tal modo que el consumidor sienta que el mensaje va dirigido a él. En consecuencia, la experiencia de marca deja de vivirse como una imposición que se inmiscuye sin ser llamada.

¿Pero en qué consiste la influencia? Es interesante rescatar las definiciones de «influencia», «influir» e «influyente» que recoge el *Diccionario de la Real Academia Española*: la influencia es la «acción y efecto de influir; poder, valimiento, autoridad de alguien para con otra u otras personas o para intervenir en un negocio», es decir, influir implica producir en otra persona ciertos efectos, y el influyente es la persona que goza de dicha capacidad de influencia. Por lo tanto, no es ni un poder ni una estrategia nueva; siempre han existido procesos de influencia y personas que influyen en otras.

De hecho, en 1955, los sociólogos Elihu Katz y Paul Lazarsfeld publicaron el libro *Personal Influence*, donde demostraban la existencia de líderes de opinión en diferentes ámbitos, como la política, el comercio, la moda y el cine. Una de las grandes aportaciones de Katz y Lazarsfeld fue distinguir entre el liderazgo de opinión oficial, el de los políticos, deportistas de élite y grandes celebridades, y el liderazgo no oficial o cotidiano.

Los citados investigadores desarrollaron el término *influentials* para denominar a quienes poseen un liderazgo casi invisible y ciertamente inconsciente, de persona a persona, cotidiano, íntimo, informal y diario, personas que, a través de su «influencia no oficial», eran capaces de cambiar comportamientos, juicios y actitudes de sus allegados.

Desde entonces, se ha querido determinar la capacidad prescriptora de estos líderes de opinión o *influentials*, ya que, si se conoce el perfil y ubicación de estos *influentials*, las marcas, los medios de comunicación y los políticos saben cómo y a quién dirigir sus mensajes, lo que supone toda una revolución para los estudios sobre estrategia de marca, las campañas y el *microtargeting*.

Las dos primeras décadas del siglo XXI han estado sujetas a grandes revoluciones en el ámbito digital. Como destaca Castells en *La galaxia internet*, la red es el «tejido de nuestras vidas», que transforma nuestro modo de pensar, comunicar, comprar y vivir. La generalización del uso de internet, el desarrollo de comunidades virtuales y la creación de múltiples dispositivos han transformado la manera en la que los individuos se relacionan y consumen. Actualmente, los usuarios de la red pueden relacionarse con personas de todos los rincones del mundo, establecer conversaciones a tiempo real y compartir opiniones sobre productos comprados en los cinco continentes. La web 2.0 permitió la creación y distribución del contenido generado por los usuarios y es, en este contexto, donde ha proliferado el fenómeno *influencer*.

A comienzos del tercer milenio, se publicaron grandes obras que analizaron los procesos de difusión de mensajes y el liderazgo de opinión. Gladwell, en su libro *The Tipping Point*, identifica también a los influyentes y les atribuye el poder de generar cambios sociales; los autores Keller y Berry publicaron el *bestseller The Influentials*, donde afirmaban que «uno de cada diez americanos dice a los otros nueve a quién votar, dónde comer y qué comprar»; y Gillin —*The New Influencers*— se refiere a los blogueros como a una nueva estirpe capaz de conseguir la implicación de los clientes.

Sin embargo, internet y las redes sociales han modificado el concepto y las características del liderazgo, así como los líderes definidos y analizados en estudios previos. En la actualidad, la mayor parte de las personas considera a los *influencers* como las nuevas estrellas o celebridades digitales; la mayoría de los jóvenes siguen a cientos de ellos en sus redes y muchos sueñan con ser *influencers* o se han convertido en uno. Por su parte, las marcas tratan de colaborar con *influencers* con el objetivo de atraer a los públicos más jóvenes y hacer sus marcas más humanas y cercanas. Sin embargo, la mayoría de las empresas, debido a la volatilidad e inmediatez de las acciones en internet, han incrementado sus estrategias de *influencer marketing* sin entender bien las dinámicas actuales de la influencia personal y el papel que tiene en los grupos sociales.

Entonces, ¿qué es el *influencer marketing*? Se trata de la ciencia de involucrar diferentes perfiles de líderes de opinión y consumidores influyentes a favor de una empresa, con el objetivo de fortalecer su imagen de marca e impulsar las ventas, a través del contenido que comparten entre sus contactos y audiencias.

A través de nueve capítulos, presentaremos las claves para conocer mejor la era de la influencia y estudiaremos cómo realizar un plan de *influencer marketing*. Además, encontrarás estrategias, herramientas y casos de éxito que podrás aplicar de forma eficaz a tu empresa.

CAPÍTULO 1

LA ERA DE LA INFLUENCIA

1. UN MUNDO CONECTADO

Gracias a internet, nos encontramos ante una realidad interconectada donde las posibilidades de socialización han aumentado de manera exponencial, permitiéndonos estar conectados con cientos de personas en todas las direcciones, y desarrollar escenarios más inclusivos y colaborativos. En la actualidad, las marcadas barreras entre el mundo *online* y *offline* se van desdibujando, especialmente para los más jóvenes, quienes viven en ambos mundos como una realidad única, sin prestar atención a las diferencias.

La tecnología va transformando todos los ámbitos sociales, desde el modo en que trabajamos y nos relacionamos hasta el modo en que compramos y nos entretenemos. Aunque casi todos nuestros movimientos actividades dependen ahora de elementos tecnológicos, tal vez una de las más alteradas sea la forma en que las personas interactúan entre ellas y con las marcas. Los dispositivos móviles han cambiado radicalmente la forma en que los consumidores se relacionan, compran, investigan y validan productos.

La era de la conectividad está marcada por un aumento de la información compartida entre los usuarios y el alcance de los mensajes que se emiten.

El incremento del uso de las redes sociales y la constante evolución de las mismas han creado una comunicación personal y comercial mucho más visual y cercana, donde muestran un volumen de información personal sin precedentes, compartiendo experiencias vitales y de consumo debido a la preocupación y el deseo de socializar y ayudar a los demás, especialmente a amigos y familiares.

Las conversaciones en la red a través del eWOM (*electronic word of mouth* o 'boca a boca electrónico') tienen un papel clave en las personas. Con frecuencia, se explica que el eWOM tiene cinco funciones clave:

- **Gestionar las impresiones:** a través de ellas, los individuos podemos compartir información sobre nosotros mismos y de otros. Mediante interacciones sociales, las personas se presentan de una manera particular, para lograr las impresiones que desean, comunicando su identidad.

- **Regular las emociones:** generando apoyo social, comprensión o desahogo.

- **Adquirir información:** buscando consejo, ayuda o asesoramiento. Con frecuencia las conversaciones en la red giran en torno a temas que facilitan la toma de decisiones gracias a diferentes y múltiples alternativas.

- **Crear vínculos sociales:** nos ayudan a reforzar nuestras opiniones y, con ello, a reducir la soledad o exclusión social, compartiendo temas comunes y contenido emocional.

- **Persuadir a los demás a través de las conversaciones:** tanto en ámbitos personales como en el contexto de las compras.

El eWOM también puede consistir en dar un me gusta en Facebook, retuitear en Twitter, poner *likes* en Instagram, realizar una reseña o poner comentarios de productos en línea. Debido a las características propias de internet, el eWOM —principalmente difundido por líderes de opinión— cada vez tiene mayor relevancia, ya que, además de gozar de la autoridad y la confianza que le otorgan los consumidores, se difunde de manera rápida, sencilla y sin adornos, basado en la experiencia.

En la actualidad, los consumidores piden una comunicación más humana y directa y, gracias al incremento de la influencia ciudadana, el marketing puede ser más cercano y humano. Internet se ha convertido en el canal comercial más sensible a las necesidades y requerimientos de los clientes, quienes, a través de plataformas sociales, muestran sus gustos y opiniones a toda la comunidad *online*.

En consecuencia, la comunicación y el marketing que la sociedad está demandando se basa en la conversación, donde uno habla y otro escucha, donde ambas partes prestan atención a los mensajes del otro o, lo que es más importante, donde el receptor quiere entender y hacer suyo el mensaje que recibe.

Internet ha dado lugar a una accesibilidad gratuita a la información y a un incremento de los creadores de contenidos. Como consecuencia, cientos de mensajes e informaciones viajan por la red, por lo que, cuando un usuario quiere obtener información fiable, se encuentra en la tesitura de contar con múltiples fuentes y, con frecuencia, contradictorias. Esta situación aumenta de manera considerable ante la búsqueda de información relacionada con productos y servicios, pues la red se convierte en un océano de opiniones. Ante este panorama, el consumidor necesita fuentes de información e individuos donde descansar su confianza con el fin de realizar una toma de decisiones adecuada.

Por tanto, podemos preguntarnos: ¿En quiénes confían los consumidores en la era *online*? Múltiples estudios destacan que el grupo más fuerte de influyentes o personas en las que confiamos son los amigos y familiares. Con ellos, nos comunicamos principalmente a través del WOM y el eWOM. En este sentido, el entorno digital potencia el papel de los influyentes en los procesos de compra. El incremento de mensajes por parte de las marcas, y la posibilidad de acceder a contenidos ilimitados, desemboca en que los usuarios busquen en la red información, experiencias y opiniones de sus iguales, especialmente de los líderes de opinión, en quienes confían para fundar sus argumentos y decidir oportunamente.

Las personas buscan líderes de opinión a los que pedir consejo y acudir en busca de información fiable que limite los riegos en la toma de decisiones. Por esto, confían en las recomendaciones de productos realizadas por otros consumidores, aunque estos tampoco sean expertos. En primer lugar, confiamos en nuestras propias experiencias y, en segundo lugar, en las experiencias de personas como nosotros. Generar confianza e información fiable es el potencial clave de los *influencers* o *influentials* en internet.

Como explica Philip Kotler en *Marketing 4.0*, hoy en día, los consumidores desconfían de las marcas y confían en el Factor F (en inglés, *family, friends, Facebook fans and followers*). Cada día, el consumidor se vuelve más social, pero siempre presta especial atención a sus círculos cercanos, principalmente cuando busca consejo para tomar una decisión.

2. CAMBIOS EN EL MARKETING Y LA COMUNICACIÓN DE LAS MARCAS

La comunicación no solo ha evolucionado en el plano de los consumidores —el modo en el que comparten sus opiniones e interactúan con sus iguales—, sino que ha cambiado también el modo en que las marcas se relacionan con sus públicos y entre ellas. La era digital facilita a las empresas la posibilidad de establecer conversaciones más activas, rápidas y cercanas con sus clientes. Por esto, su rol como actores influyentes se ve revitalizado con el auge de las redes sociales y los dispositivos electrónicos.

En los últimos años, el aumento de la interacción marca-consumidor ha dado lugar a la creación de comunidades que se generan en torno a las marcas, comunidades que permiten compartir información, mantenerse en contacto con consumidores frecuentes, integrar la identidad de la marca, mejorar la lealtad, compartir experiencias, fortalecer los valores y la cultura de la marca y mejorar la comercialización.

Las marcas necesitan de los consumidores para recrear y transmitir su propia historia e identidad.

A medida que una marca se vuelve más humana, sincera y auténtica, se acerca al consumidor. En la actualidad, no hay espacio para actitudes artificiales, comunicaciones unidireccionales y egocéntricas donde solo se muestran las grandes ventajas y virtudes de nuestro producto. Los consumidores ya no atienden discursos elocuentes, sino que participan en conversaciones donde ellos son los protagonistas y la marca genera experiencias memorables, valiéndose de un lenguaje cercano y positivo y apelando a sus emociones y a los valores compartidos. Las empresas ya no controlan el discurso, sino que son los propios clientes quienes, a través de plataformas como Twitter, Instagram o Facebook, comentan lo que opinan sobre cualquier marca.

De algún modo, las marcas no pueden olvidar que, antes de buscar influyentes que les ayuden a estar más cerca de los consumidores y transmitir mensajes más creíbles, el inicio del cambio debe empezar sacando partido a sus redes sociales, actuando como verdaderos actores influyentes, que establecen conversaciones *one to one*.

Philip Kotler explica que el nuevo marketing 4.0 está centrado en las personas, por lo que la clave está en el desarrollo de culturas corporativas y en la transmisión o el reflejo de los valores más humanos de las empresas. El marketing 4.0 tiene como gran desafío adaptarse continuamente a la naturaleza cambiante de los recorridos de compra del consumidor de la economía digital, un consumidor conectado que interacciona en entornos *online* y *offline* y se siente superado ante el exceso de información.

Las redes sociales han modificado las estrategias de comunicación y marketing de las empresas, convirtiéndose en una de sus principales herramientas para la construcción de marca y campañas publicitarias. Además, el sector editorial ya no cuenta con el monopolio de la prescripción, pues innumerables blogueros e *influencers* se han apropiado de ese rol, haciéndose con el poder de la prescripción gracias a sus miles de seguidores.

En la actualidad, las empresas tratan de gestionar sus perfiles de redes sociales procurando activar a su comunidad y enamorar a sus seguidores para que se conviertan en embajadores y prescriptores de la marca. Aquellas que consiguen mantener una comunicación bidireccional activa y realizar un gran intercambio de información logran establecer relaciones de confianza mediante las cuales satisfacen necesidades, crean ofertas personalizadas e impactan en las decisiones de compra.

Las compañías son cada vez más conscientes de que, en la era *online*, no solo venden a un consumidor, sino a toda una red de consumidores influida por el ruido, el escepticismo y la conectividad. Por esto, el papel de los *influencers* es cada vez más relevante. Las empresas tratan de aliarse con grandes *influencers* con poder de prescripción y con amplias comunidades de seguidores que garantizan a las marcas el alcance de sus campañas a públicos comprometidos con el *influencer*. Además, utilizan los perfiles de estas *celebrities* o *influencers* como el mejor escaparate de sus productos. La mayoría de los nuevos influyentes nacen entre los *millennials*, la generación Z y Alfa; al ser consumidores más activos y conscientes en redes sociales que las generaciones anteriores, son capaces de funcionar como portavoces de la sociedad.

Actualmente, los clientes apenas pueden oír los mensajes de las marcas; hay demasiado ruido. Muchas veces se protegen de los medios de comunicación para no estar tan expuestos. Los clientes se vuelven cada vez más escépticos. Con frecuencia, piensan que no pueden confiar en la información que viene de las compañías. Sin embargo, actúan según lo que escuchan a sus amigos.

De este modo, el *influencer marketing* se convierte en una «llave mágica» que abre la puerta a nichos de consumidores dispuestos a interactuar. Las agencias de comunicación y marketing destacan el impacto positivo de identificar líderes de opinión o *influencers* para las marcas, pues los mensajes de marca más poderosos a menudo provienen directamente de los consumidores, no de la propia marca. Las empresas reconocen el beneficio de entablar diálogos con sus clientes a través de las voces de los *influencers*, lo que les permite llegar a públicos más amplios e impulsar la toma de decisiones hacia la adquisición de sus productos.

Los influyentes suponen un canal eficaz para las empresas de difusión de nuevas tendencias y productos, pues dan a conocer las innovaciones en su entorno y las apoyan para que sean adoptadas. Sin embargo, las marcas deben asumir el riesgo de que, si estas innovaciones no interesan o gustan a los influyentes, estos también pueden suponer una barrera para que sean aceptadas por otros consumidores.

3. LA INFLUENCIA EN EL PROCESO DE COMPRA

Internet ha supuesto un aumento en la velocidad de producción y distribución de productos, pero especialmente en la velocidad de consumo. La innovación tecnológica y la globalización permiten a los consumidores poder adquirir un producto de cualquier parte del mundo y, en ocasiones, especialmente cuando ese producto se encuentra en el propio país, se puede recibir en menos de veinticuatro horas.

El consumidor busca inspiración, comparte el contenido visual de las marcas que ama, busca transparencia y está deseoso de colaborar en el desarrollo de la historia de las marcas. Dado el incremento de información personal que se vuelca en las redes, a cambio, los consumidores esperan que las marcas les ofrezcan experiencias de compra personalizadas y consistentes.

La ruta de compra se ha convertido en una realidad infinita, sin comienzo ni fin, en un proceso más circular que lineal, donde el consumidor entra en contacto con la marca en múltiples momentos del proceso y, con frecuencia, realiza varias etapas (inspiración, comparación, toma de decisiones) al mismo tiempo.

Los cambios en los procesos, la agilidad y la escasa duración de los mismos conlleva que los consumidores puedan comprar en tiempo real o casi inmediatamente. Esto disminuye su paciencia para compras que puedan requerir un esfuerzo mayor. Más que una propuesta diferenciadora, el «más y mejor» está cerca de convertirse en una obligación para todas las marcas y aquellas empresas que lo consiguen aportan un valor añadido significativo.

Existen múltiples propuestas para analizar el proceso de compra o *customer journey*. En *Marketing 4.0*, Kotler explica el nuevo recorrido del consumidor en la era de la conectividad a través de cinco etapas: atención, atracción, averiguación, acción y apología. Y destaca los tres grandes cambios que se han producido entre la era de la preconectividad y la era actual de la conectividad:

- Antes, el consumidor individual determinaba su propia actitud hacia una marca; en la actualidad, la comunidad que lo rodea influye en el atractivo inicial de una marca y determina su actitud final.

- La fidelidad se definía como la retención de los consumidores y la repetición de compra; en la actualidad, la fidelidad la determina, en última instancia, el deseo de recomendar una marca a los demás.

- Cuando se trata de conocer las marcas, los consumidores actuales interactúan activamente entre ellos, entablando diálogos de pregunta y recomendación; dependiendo del sesgo de la conversación, esta fortalece o debilita el atractivo de la marca para el consumidor que pregunta.

De este modo, es importante destacar que las marcas deben hacer un esfuerzo por captar la atención de los consumidores hasta la apología. Por esa razón, deberán trabajar tres fuentes de influencia: la propia, la del otro y la externa. Más tarde, profundizaremos en los tipos de influencia e influyentes.

Las fuentes de información son clave en todo proceso de compra, pues los consumidores buscan información acerca de los productos o marcas, y las fuentes personales tienen más impacto en ellos que las impersonales, es decir, son más eficaces gracias al flujo bidireccional existente entre el consumidor y la fuente. De este modo, vendedores, amigos, familiares, vecinos o compañeros de trabajo son capaces de adaptar la información y satisfacer mejor las necesidades del receptor. Por el contrario, las fuentes impersonales solo proporcionan comunicaciones unidireccionales.

> **!** Los medios de comunicación o los mensajes de las marcas influyen más en las primeras etapas del proceso de compra, pues dan a conocer nuevos productos y despiertan el interés de los consumidores. En cambio, las fuentes personales son más influyentes en las etapas posteriores: cuando el consumidor evalúa un producto o una marca, elabora un juicio y toma la decisión final de adoptarlo o rechazarlo.

No podemos olvidar que el consumo es un acto social; no solo consumimos productos por poseer un objeto determinado o llevar a cabo una experiencia, sino porque queremos poseer el significado social de dicho producto o acción. Los líderes de opinión o *influencers* tienen un rol esencial en la toma de decisiones de los consumidores. Las personas buscan líderes iguales a ellas —homogéneas y próximas—, que sean fuentes de información creíbles en las que puedan confiar y apoyar sus decisiones. Son muchos los productos existentes en el mercado que precisan de la opinión de otros consumidores, debido a la complejidad del producto, a la necesidad de obtener información sobre la experiencia de quienes lo han testado con anterioridad o bien por la alta visibilidad y riesgo percibido del producto.

El siguiente esquema de *customer journey* analiza el rol de los influyentes y los momentos clave de influencia en el proceso de compra (productos y servicios) en cuatro etapas: inspiración y generación de la necesidad; toma de decisiones (búsqueda y comparación); compra; y poscompra.

Cuadro 1.1 Momentos clave de influencia en el *customer journey*

Etapa del proceso de compra		Impacto de los influyentes
	1	Me ayudan a formar mi propio criterio, gusto o estilo; me inspiran
	2	Copio sus comportamientos
Inspiración y generación de necesidades	3	Me ayudan a descubrir nuevas marcas, productos y servicios o tendencias
	4	Me generan nuevas necesidades
	5	Cuando busco un producto/servicio, me fijo en su comportamiento y en las marcas que usan
	6	Les pido consejo
Toma de decisiones (Búsqueda y comparación)	7	Me ayudan a tomar decisiones sobre qué comprar
	8	Cambio mi opinión a raíz de sus consejos o de comportamientos que observo
Momento de la compra	9	Me ayudan y aconsejan en el momento de la compra
Después de la compra	10	Cambiaría algo de mis compras o comportamientos por su opinión

Fuente: Elaboración propia

No obstante, este proceso de compra en la era de la conectividad ya no se puede entender como un proceso lineal, sino como un proceso continuo que, con frecuencia, los «marketinianos» representamos en forma de «infinito», pues así es como debemos entender el flujo de los momentos clave de influencia en un proceso de compra.

Cuadro 1.2 Flujo de influencia en el proceso de compra

Fuente: Elaboración propia

4. CONECTAR CON EL CONSUMIDOR A TRAVÉS DEL *INFLUENCER MARKETING*

Internet permite el análisis detallado del comportamiento de los usuarios en la red, así como el almacenamiento de una cantidad enorme de datos, lo que se conoce como *big data*. En la red, podemos saber cuánto tiempo pasa un usuario en una tienda, en qué productos se fija, qué otros productos de la competencia está viendo y con qué amigos o seguidores interactúa en redes sociales. Como consecuencia, el marketing digital analiza el comportamiento de los usuarios mediante métricas y monitoriza la eficacia de las campañas que se realizan.

Cada vez son más los anunciantes que aprovechan el «uso desmedido» de las redes sociales con el fin de promocionar sus marcas y de llegar de un modo más directo a sus consumidores. La importancia de las redes sociales radica en la influencia que ejercen sobre grupos de consumidores clave, como los adolescentes y los jóvenes, que ya apenas utilizan medios de comunicación tradicionales, como televisión, periódicos o revistas. En la actualidad, las redes sociales forman parte del día a día de los consumidores, especialmente de las generaciones Y o Z, y, a través de dichas redes y mediante la comunicación y la observación de sus compañeros o iguales, aprenden conocimientos, actitudes, comportamientos y habilidades.

A finales de la primera década del 2000, Brown y Hayes afirmaron que el marketing estaba roto y que un gran número de acciones de marketing no funcionaban porque había demasiados mensajes comerciales bombardeando a los consumidores en internet. Además, todos los mensajes eran iguales y, aunque el consumidor los escuchara, no creía en ellos. Como consecuencia, el marketing no estaba contribuyendo de manera directa y tangible al aumento de las ventas y provocaba enfrentamientos entre los vendedores y las fuerzas de ventas, problema que aún existe en la actualidad.

Una de las consecuencias del panorama descrito por Brown y Hayes fue el auge del marketing mediante el uso de *influencers* o líderes de opinión en internet. Los profesionales del marketing, conscientes de que sus mensajes ya no impactaban de forma eficaz en los consumidores y que estos basaban sus decisiones en la información o las recomendaciones de terceros (influyentes) en quienes confiaban más, decidieron acudir a dichos líderes de opinión para hacer llegar sus mensajes a los consumidores. De este modo, señalan que la toma de decisiones es un proceso complejo y estratégico. Aunque hay un último responsable de la toma de decisiones, muchas otras partes están involucradas y participan en el proceso de informar, apoyar y validar las decisiones.

Las estrategias de marketing mediante el uso de influyentes ayudan a conectar con los consumidores y sus conversaciones, por lo que es una forma de realizar acciones de marketing eficaces. Pero, al igual que se realizan planes estratégicos a la hora de elaborar campañas de publicidad o de relaciones públicas tradicionales, es necesario desarrollar estrategias claras y profesionales de *influencer marketing*. Las empresas deben asegurarse de que sus mensajes llegan a estos líderes de opinión para que alcancen, en una etapa posterior, a todos los consumidores potenciales.

Antes de adentrarnos en el universo del *influencer marketing*, conviene destacar cuáles son sus principales beneficios, las acciones más comunes y los motivos del incremento exponencial de estas estrategias en los últimos años.

Beneficios del *influencer marketing* para tu marca

- Generar conocimiento de marca en grandes comunidades de seguidores o pequeños nichos de mercado.

- Incrementar la autenticidad de marca gracias al poder de prescripción de los influyentes.

- Mejorar la experiencia de producto y el conocimiento sobre sus características.

- Potenciar las recomendaciones del producto y los circuitos de retroalimentación entre consumidores.

- Localizar nuevos canales de comercialización de productos.

- Fomentar la lealtad de los clientes influyentes.

- Aumentar el *engagement* en los contenidos que las marcas comparten en sus redes sociales.

- Conducir más tráfico a la web de la marca e incrementar el número de conversiones, así como la obtención de más *leads* o suscriptores de correo electrónico mediante el envío de *newsletters*.

- Potenciar el contenido generado por los usuarios.

- Difundir y aumentar la eficacia de las promociones *online*.

- Interactuar con los consumidores y sus influyentes, mejorando el conocimiento de sus opiniones, intereses y deseos.

Para el desarrollo de estos beneficios, las marcas y las agencias de comunicación y marketing realizan múltiples acciones de *influencer marketing*, como identificar personas influyentes, preparar planes de comunicación especiales para influyentes dando a conocer la marca o incrementando su fidelidad, promocionar productos en las comunidades de seguidores de los influyentes, colaborar con *influencers* para que se conviertan en embajadores y defensores de la marca...

Internet y la constante evolución de las redes sociales propician el auge del *influencer marketing*, su profesionalización y el desarrollo de múltiples estrategias para trabajar con los *influencers* a favor de las marcas. Podemos destacar que esta ola de influencia digital ha sido consecuencia de la necesidad de transmitir mensajes personalizados a los consumidores a través de sus pares —de quienes buscan obtener información veraz y útil para su proceso de toma de decisiones y en quienes confían para obtener consejo—; y la evolución de las redes sociales, que actúan como altavoces de las opiniones de los consumidores y aceleradores de comunidades de seguidores.

La empresa MAVRCK, especializada en marketing con influyentes, destaca seis razones por las que este ha sufrido un hipercrecimiento: la adopción masiva de redes sociales; la confianza del consumidor en sus iguales; las pérdidas económicas por fraude en las campañas de pago; el aumento de los bloqueadores de anuncios *online*; el potenciamiento del eWOM; y la evolución del análisis de datos. Estudios como el llevado a cabo por Tapinfluence y Nielsen Catalina Solutions, Sales Effect Study, «Influencer marketing» (2016), afirman y demuestran que los consumidores más expuestos a los influyentes compraron significativamente más productos. Del mismo modo, Brandwatch y Sony Corporation publicaron un estudio donde afirmaban que los consumidores están cinco veces más inclinados a comprar algo después de la recomendación de alguien de su círculo social que si solo hubieran estado expuestos a mensajes basados en marketing tradicional. Como consecuencia, Sony Corporation decidió centrar su comunicación en el 15 % de sus consumidores con influencia social significativa, tras lo cual lograron un aumento de sus ventas en un 300 %.

La revista especializada en publicidad y tecnología *Adweek* destaca que el retorno de la inversión (ROI) de las acciones de *influencer marketing* es mucho más elevado (entre 6.5 y 11 veces) en comparación con los anuncios digitales tradicionales, como los *banners*, aunque el análisis del ROI es uno de los grandes desafíos que encuentra el marketing con influyentes.

No cabe duda de que el *influencer marketing* continuará incrementándose en las empresas a lo largo de los próximos años, tanto en acciones en las diferentes redes sociales como en la inversión económica. La empresa estadounidense Mediakix señala que el número de publicaciones patrocinadas por *influencers* en 2019 asciende a más de 32 millones y estiman que en 2022 el gasto global en marketing de influencia estará en torno a 10 billones de dólares.

Como veremos a lo largo del libro, el *influencer marketing* está en constante evolución. Aunque en la actualidad gran parte de las acciones de *influencer marketing* se centren en la popularidad de los influyentes y en el alcance de sus comunidades, veremos que esto ya no es suficiente. La creciente tendencia de campañas de *microinfluencers* responde a que cada vez más clientes demandan la presencia de consumidores expertos, más parecido a ellos que las celebridades.

Muchas empresas también son conscientes de que las campañas basadas en objetivos a corto plazo no ayudan a crear relaciones de largo recorrido con los *influencers,* y tampoco son eficaces para acompañar a los consumidores a través del *customer journey.* Por eso, es importante comprender en profundidad las posibilidades del *influencer marketing*, ser conscientes de los límites de las colaboraciones con influyentes en las campañas de promoción, y entender las claves del éxito de los diferentes tipos de campaña con *influencers.*

Otro resultado del incremento de la demanda de campañas con *influencers* es el desarrollo de múltiples productos y servicios para la gestión del *influencer marketing.*

Existen empresas que ofrecen soluciones para localizar *influencers* adecuados para cada marca, monitorizar las acciones con el *influencer* o la gestión completa de campañas de *influencer marketing*. Aunque existan estos «facilitadores», las marcas no deben olvidar que son las últimas responsables de las interacciones que realizan con sus consumidores; por lo que, es esencial que todos los responsables de comunicación y marketing, incluyendo a los directivos de las pymes, entiendan las claves del *influencer marketing*. De este modo, podrán responder a preguntas como las siguientes: ¿estoy aprovechando el potencial de la era de la influencia en toda mi empresa?, ¿es posible mejorar la eficacia de nuestras acciones de *influencer marketing*?, ¿estamos realizando una selección correcta de *influencers*?, ¿son los precios y servicios razonables?

¡RECUERDA!

- La información que los consumidores comparten en la red nos ayuda a generar nuestras propias opiniones y toma de decisiones sobre productos y servicios.

- El Factor F tiene cada vez más importancia. En la era digital seguimos depositando principalmente nuestra confianza en los *influentials* (nuestros amigos, familiares y compañeros). El consumo es un acto social.

- Los medios de comunicación y las marcas influyen más durante las primeras etapas del *customer journey*, mientras que las fuentes de información personales influyen más en las etapas de evaluación, toma de decisión y compra.

- Conoce a fondo el *customer journey* de tus consumidores y analiza los momentos clave de influencia.

- El *influencer marketing* no es una moda o tendencia pasajera, en los próximos años las empresas seguirán aumentado su inversión y profesionalizando este tipo de acciones.

CAPÍTULO 2

CÓMO CONECTAR CON LOS *MILLENNIALS* Y LA GENERACIÓN Z... SIN OLVIDARSE DE LA GENERACIÓN X

En este capítulo se destacan las características más importantes de cada generación, así como sus patrones de consumo y los diferentes usos de internet y las redes sociales. Además, se analiza cómo interactúan con los *influencers* y las mejores tácticas para conectar con cada generación. Con este fin, se explica por qué y cómo se comparten contenidos en redes sociales y los procesos que nos empujan a seguir a otros consumidores. El capítulo termina explicando los momentos clave para conectar con el consumidor e influir en sus decisiones.

A la hora de realizar una campaña de *influencer marketing*, es importante identificar a los *influencers* generacionales principales de cada negocio, con el fin de anticipar los futuros gustos, preferencias y demandas de los consumidores. Debido al amplio uso de las redes sociales (Facebook, Instagram, YouTube, Twitter), veremos cómo el fenómeno del *influencer marketing* ha tenido un impacto mayor en la generación *millennial*.

1. *ZOOM-IN* EN TRES GENERACIONES

GENERACIÓN X

La generación X la conforman las personas nacidas entre 1961 y 1981. Su característica principal es que no son nativos digitales; la era digital irrumpió en su vida siendo ya adultos. Es la última generación que ha utilizado como principales medios de comunicación el teléfono fijo y el correo ordinario. Sin embargo, fueron los primeros que utilizaron los teléfonos móviles y el correo electrónico. Algunos de ellos crearon las primeras cuentas de usuarios en redes sociales.

Se los denomina la «generación puente», entre los *baby boomers* y los *millennials*. Como explican distintos informes de Manpower Group y KPMG, algunas características de las personas que forman esta generación son: tienen un mayor nivel educativo que la generación anterior, son responsables, mantienen un mayor equilibrio entre la familia y el trabajo, enseñan a los jóvenes, tienen ideas firmes y, en ocasiones, se adaptan con dificultad a los cambios. En la actualidad, la mayoría de los puestos directivos en instituciones y empresas los ocupan miembros de la generación X.

En relación con el ámbito digital, podemos destacar que los miembros de la generación X han integrado las nuevas tecnologías tanto en su vida profesional como personal. Muchos de ellos todavía se muestran reticentes a comprar *online* algunas categorías de productos, como alimentación o ropa, pero la mayoría ha realizado alguna compra en línea en el último año, sobre todo en materia de contratación de viajes.

Los miembros más activos en internet de esta generación compran todo tipo de productos *online*, utilizan Netflix y Spotify y las redes sociales; sus preferidas son Facebook y Twitter, aunque también usan YouTube y algunos tienen cuenta en Instagram, pero hacen un uso es mucho más pasivo que el de las siguientes generaciones.

De cara a los *influencers*, la generación X es la que menos ha notado la aparición de nuevos influyentes digitales. Aunque existen algunos *influencers* que pertenecen a esta generación, la mayoría de ellos son más jóvenes. Es interesante destacar que los *influencers* de esta generación comenzaron con blogs o Twitter y que solo una minoría dio el salto a otras plataformas, como Instagram o YouTube. Como consecuencia, la gran mayoría de los miembros de esta generación presta atención a los *influencers* desde el punto de vista de un fenómeno social. Tienen una actitud más pasiva y no suelen dejarse influir por ellos en su toma de decisiones de compra, pero sí desean saber qué hacen los *influencers*, porque son conscientes del poder que tienen sobre sus hijos y los jóvenes en general.

MILLENNIALS

La generación Y, más conocida como la generación *millennial*, la forman los individuos nacidos entre 1982 y el 2000. Se trata de la generación de los *influencers* porque, aunque nacieron en el siglo pasado, vivieron su adolescencia o juventud en el nuevo milenio y se han desarrollado en la era digital, conviviendo con la tecnología de forma natural.

Los *millennials* conforman una generación diferente a las demás: son más numerosos y, en muchos casos, han contado con mayores recursos económicos, tienen un nivel de estudios más alto que la generación X y son étnicamente más diversos. Múltiples estudios describen a los *millennials* como personas felices, optimistas y confiadas, que aceptan la autoridad, cooperativas, a quienes les gusta jugar y trabajar en equipo, orientados a objetivos y logros, cívicos, inclusivos, autosuficientes, con dominio tecnológico, conectados y abiertos al cambio y a la diversidad.

Esta generación quedó muy marcada por eventos históricos, como los atentados del 11 de septiembre, la crisis económica de 2008, la elección del presidente Obama y el incremento del uso de internet gracias a la tecnología wifi y a los dispositivos móviles. Además, son la clave del desarrollo del comercio electrónico; han crecido socializando y comprando en internet. A través de sus *smartphones*, tabletas y ordenadores portátiles, se comunican, acceden a todo tipo de información, utilizan las redes sociales y pueden comprar en cualquier parte del mundo. Algunas de las aplicaciones que más usan son: WhatsApp, Instagram,

YouTube, Facebook, Snapchat, Tinder, Spotify, SoundCloud, Netflix o Airbnb. No es de extrañar que los creadores de Facebook, Instagram, Tinder o 21Buttons sean todos *millennials*.

Los *millennials* encuentran en las redes sociales el lugar donde socializar, crear su identidad y desarrollar su personalidad. Es decir, las redes sociales son un territorio clave para relacionarse con sus pares y grupos de referencia, así como una esfera donde se producen los procesos de influencia. Es importante tener en cuenta que los *millennials* son una generación particularmente narcisista, hecho que se demuestra en el uso de las redes sociales.

Esta generación destaca por estar más enfocada a vivir el presente y aprovechar el momento que por preparar su futuro. Por tanto, no trabajan para ahorrar, sino para disfrutar en cada momento, lo que les convierte en una generación más consumista. Además, les gusta compartir sus experiencias, no solo con su familia y amigos, sino con toda su comunidad *online*. Por ello, estos jóvenes se convierten en «prosumidores»; a través del constante *feedback* que comparten en internet, facilitan mejoras en los productos y las experiencias.

Un estudio realizado por Boston Consulting Group señaló que los *millennials* son consumidores con gustos más definidos; prefieren marcas que les aporten experiencia, estilo de vida y creatividad. Por ello, dan gran importancia a las tiendas físicas, a su decoración, a la música, a la iluminación y a los probadores. Los *millennials* esperan que las marcas los ayuden a disfrutar del camino con las experiencias de compra que proponen.

Como hemos visto, debido al impacto de la revolución digital y el auge de las redes sociales, los *millennials* han cambiado el modo en que se relacionan y consumen y son quienes han propiciado el auge de los *influencers* digitales y la profesionalización del *influencer marketing*. Los grandes *influencers* de todas las capitales del mundo son *millennials*. En la actualidad, las marcas tratan de ganarse la confianza, la atención y la admiración de los *millennials*, quienes se han convertido en uno de los *targets* más importantes para las empresas, no solo por su capacidad de consumo, sino también por su poder de prescripción e influencia.

GENERACIÓN Z

La generación Z continúa con el legado de la generación Y. De hecho, múltiples estudios los denominan *posmillennials* o *centennials*. Esta generación la forman los nacidos entre 2001 y 2015. Se caracterizan por haber nacido y crecido en un entorno tecnológico, donde los teléfonos móviles, internet y las redes sociales siempre han formado parte de su ambiente. Esta generación también está influida por la recesión económica que se extendió desde 2008 hasta 2011, y algunos de los hitos sociales que les han marcado son el terrorismo global, la elección de Trump, el Brexit o el feminismo.

Son más autosuficientes y creativos que la generación anterior, tienden a ser autodidactas gracias a todos los conocimientos que pueden encontrar *online* y, desde la infancia, han crecido en una era multipantalla. Como consecuencia, captar su atención resulta mucho más difícil y supone un reto en todos los sentidos.

Un estudio realizado por la consultora Everis señala que los miembros de la generación Z son más realistas e independientes y se preocupan por su privacidad. Prefieren comunicarse de forma digital que cara a cara, buscan aprendizajes a medida, quieren ser auténticos y ver contenido real y alcanzable, valoran las experiencias únicas en las tiendas y buscan productos que les ayuden a crear un estilo independiente y propio, lejos de los estándares.

Su mundo está marcado por los *instagrammers* y *youtubers*. Sus aplicaciones preferidas son WhatsApp, YouTube, Instagram, Snapchat, TikTok y Vine. Les gustan las aplicaciones rápidas, que no soliciten mucha información personal, que faciliten la mensajería instantánea y que sean visualmente atractivas.

Aunque todavía dependen económicamente de sus padres y no tienen poder adquisitivo propio, son consumidores exigentes. La mayoría consideran más creíbles y auténticos los anuncios que ven en YouTube o los patrocinados por *influencers* que la publicidad convencional en páginas web o televisión.

2. CÓMO CONECTAR CON ELLOS

En los últimos años, en los foros de marketing de cualquier industria, los términos «generación Z» y «*millennials*» han aparecido de forma casi obligada. Todos somos conscientes de que representan un enorme mercado presente y futuro para nuestras marcas. Los profesionales del marketing no deben olvidar que estas generaciones detestan la publicidad y los mensajes comerciales convencionales, por lo que, tarde o temprano, nos topamos con un gran desafío: ¿cómo podemos conectar con ellos y conseguir su lealtad?

La clave está en volver a conseguir su confianza, y una de las formas de mejorar su relación con las marcas es permitirles cocrear sus propias experiencias. La empresa Olapic, especializada en análisis de contenidos en Instagram, señala que los consumidores emiten juicios más positivos respecto a una marca cuando esta les permite personalizar sus experiencias y productos. Cuando se involucra a los consumidores en los procesos de compra, aumenta su interés y la probabilidad de que se conviertan en partidarios de la marca, e incluso en verdaderos defensores. De este modo, las marcas impulsan la creación de nuevos «evangelistas». Los *millennials* y la generación Z valoran muy positivamente aquellas marcas nativas digitales o aplicaciones que les permiten una interacción constante y a tiempo real. Además, solo conectan con aquellas marcas que se comunican con ellos a través de un lenguaje divertido, amigable y creativo. De algún modo, para establecer una conexión, necesitan comunicarse mediante los códigos que utilizan en su vida diaria. Como hemos visto antes, los *millennials* y la generación Z son personas digitales con un uso elevado de redes sociales, donde comparten todo con sus entornos cercanos o con su comunidad de seguidores.

PSICOLOGÍA DE COMPARTIR

El estudio sobre la psicología de la compartición o psicología de compartir en las redes sociales explica cómo cada individuo utiliza las redes sociales de forma diferente. Algunos hacen un uso pasivo y solo ven el contenido que otros comparten, mientras que otros utilizan las redes sociales de forma activa, compartiendo publicaciones e interactuando con el contenido de otros usuarios. Estas diferencias pueden suponer una oportunidad para prestar más atención al comportamiento de los usuarios en las redes y comprender mejor sus motivaciones y hábitos. Aunque comunicarnos con nuestros seguidores parece más fácil ahora que nunca, conectar con ellos e inspirarlos es cada vez más difícil.

Cuando descubrimos qué es lo que lleva a nuestros consumidores a compartir e interaccionar con el contenido digital, podemos realizar experiencias más auténticas, atraer al público y acertar en la definición de nuestras estrategias de marketing. Como hemos señalado, la generación Z está sedienta de autenticidad. Por esto, ha llegado la hora de ponernos en sus zapatos, conocerlos mejor y ayudarles en su camino hacia lo auténtico, transformándonos en marcas genuinas que se puedan diferenciar de una forma sencilla de la competencia. A continuación, vemos algunas claves de como comparten los distintos grupos:

Millennials jóvenes y generación Z

- Son más propensos a compartir contenido en las redes sociales, tanto propio como de terceros, que será el que aparezca en su *feed*. Es clave crear contenidos que fomenten la participación.

- Actualizan sus estados con regularidad e intercambian muchas fotos por mensajes directos. El contenido de las marcas les ayuda a crear y mostrar su identidad en las redes sociales.

- Sus redes sociales más importantes son las más visuales, como Instagram y Snapchat, por lo que resulta crucial que las marcas trabajen la calidad y la creatividad de sus contenidos. También es clave diseñar estrategias en redes que se basen en el contenido que generan los propios usuarios.

Millennials adultos y jóvenes de la generación X

- Comparten menos contenido que el grupo anterior. Durante su juventud, también se enviaban mucha información y actualizaban su estado de forma recurrente, pero ahora valoran más la privacidad y comparten menos fotografías o vídeos personales.

• Tienden a compartir más contenido de terceros y dan importancia al contenido escrito. Muchas de las publicaciones que realizan tienen el objetivo de ayudar a otros, así como el de compartir experiencia y conocimiento sobre diversos productos.

• Aunque dan menor importancia a que los usuarios interactúen con sus contenidos, también les importa, por lo que buscan que sus publicaciones estén bien valoradas y que se consideren positivas.

PSICOLOGÍA DEL SEGUIDOR

Una vez que hemos visto las diferencias y los matices de compartir contenido en diferentes generaciones, debemos fijarnos en la psicología del seguidor. ¿Por qué seguimos a otros individuos? ¿Por qué los *influencers* cuentan con tantos seguidores? ¿Qué poder ejercen los *influencers* y el *influencer marketing* en el comportamiento del consumidor?

Una vez más, la autenticidad es la respuesta a todas las preguntas: confiamos y seguimos a un *influencer* en la medida en que nos transmite autenticidad. Los consumidores son plenamente conscientes de que muchas publicaciones de *influencers* están patrocinadas por marcas. Cuantos más seguidores tiene un *influencer*, más posibilidades existen de que colabore con marcas. Con frecuencia, más del 70 % de sus publicaciones son contenido o productos promocionados. Los usuarios saben que los *influencers* viven del dinero que les pagan las marcas, pero esta realidad no desemboca en falta de confianza por parte de sus seguidores; simplemente, son más conscientes de las campañas de *influencer marketing* y, por ello, más críticos con los contenidos. También detectan rápidamente cuándo sus *influencers* publican contenido auténtico o colaboran con marcas que no encajan con su estilo de vida.

Olapic, en su informe sobre la psicología del seguidor en Instagram, señala que la mayoría de los encuestados definieron a un *influencer* como alguien que tiene muchos seguidores y a quien las marcas pagan para respaldar sus productos. La mayoría de los usuarios consideran que una cuenta de Instagram encaja en la etiqueta de *influencer* cuando tiene más de 10 000 seguidores.

Desde la perspectiva del *influencer marketing*, Instagram y YouTube son las plataformas clave para realizar acciones con *influencers*, ya que los más jóvenes, la generación Z y los *millennials* jóvenes, son quienes más interactúan con los *influencers*, además de ser más propensos a ser influenciados.

Aunque la calidad visual de los contenidos de los *influencers* es fundamental, no es lo que define su éxito. Los usuarios siguen a *influencers* que promueven un estilo de vida que les atrae e inspira, donde muestran diferentes categorías de productos, pero todos encajan con su personalidad y estilo. En definitiva, es el universo del *influencer* lo que crea su poder de atracción y su autenticidad. De este modo, como usuarios de las distintas plataformas sociales, ya no estamos tan pendientes de categorías de productos específicas, sino de la visión de nuestros líderes de opinión.

Millennials jóvenes y generación Z

- Son los más propensos a seguir a *influencers* en redes, especialmente en el campo de la moda, la belleza y los videojuegos. Prestan más atención a este contenido que al de salud y deporte o estilo de vida. En cuanto a la alimentación lo que buscan, sobre todo, es inspiración.

- Prefieren contenidos en formato vídeo y con sonido a solo imágenes. Las plataformas en las que siguen a más *influencers* son Instagram, YouTube y Snapchat.

- Los jóvenes siguen a diario a los *influencers* como fuentes de información que les ayudan a estar al día de lo que está pasando en la red y de los nuevos productos o tendencias. Los *influencers* también actúan como modelos de comportamiento, mostrando qué hacer y cómo hacerlo. Como consecuencia, tienen más impacto en estas generaciones.

Millennials adultos y jóvenes de la generación X

Este grupo no está tan cautivado por los *influencers*; un 40 % no sigue a influyentes digitales. Muchos de ellos, siguen utilizando Facebook como su plataforma social de preferencia.

Los usuarios que tienen Instagram suelen seguir a algunos *influencers*, especialmente en el campo de la moda, y los más activos también siguen a *celebrities* y a influyentes sobre temas relacionados con la decoración, la salud, la gastronomía o la maternidad.

Aunque no publican mucho contenido personal, sí interactúan de forma positiva con los *influencers*; no son propensos a criticar o mostrar en las redes su desacuerdo con algún *influencer* o el contenido que comparten.

3. CUÁNDO CONECTAR CON ELLOS

Como hemos visto a lo largo del primer capítulo, nuestros clientes y consumidores cambian con frecuencia su modo de comportarse en redes sociales, sus hábitos de compra, su *customer journey*... En la era de la influencia, es esencial entender los procesos de toma de decisiones e influencia durante el viaje del consumidor. Por eso, antes señalamos los momentos clave de influencia para inspirar al cliente y ayudarle en el proceso de adquisición de productos. Detengámonos a reflexionar un instante: ¿cómo cuidas cada uno de estos momentos? Piensa si sigues estos diez principios.

1. Ayudar al consumidor a formar su criterio, conocer las características de nuestros productos e inspirarle.

2. Mostrarle modos de comportamiento.

3. Ayudarle a descubrir nuevas tendencias, productos, marcas...

4. Generar nuevas necesidades desde la inspiración y la autenticidad.

5. Durante el proceso de búsqueda de productos, enseñar cómo utilizar tu producto y dónde encontrarlo.

6. Dar consejos para facilitar la evaluación de las diferentes alternativas.

7. Ayudar en la toma de decisiones sobre qué comprar.

8. Facilitar el cambio de opinión y comportamiento a raíz de los consejos que damos.

9. Asistir y aconsejar en el momento exacto de la compra.

10. Reafirmar su compra y comportamiento, una vez adquirido el producto, a raíz de los consejos y opiniones que les ofrecemos, una vez adquirido el producto.

Durante el *customer journey*, la influencia puede ser ejercida por los medios de comunicación, la marca y los diferentes actores influyentes —*celebrities, megainfluencers, microinfluencers, influentials*— que explicaremos en el siguiente capítulo. Para entender cómo conectar con nuestros consumidores y encontrar a los *influencers* adecuados, la empresa de *influencer marketing* Traackr.com propone tres sencillos pasos que se explican y analizan a continuación.

COMPRENDE A TUS CLIENTES Y DEFINE SUS PERFILES

- **Aprende de los clientes** y trata de comprender sus motivaciones y necesidades, cómo son, qué buscan y desean, analizando sus redes sociales, fijándote en sus Me gusta, en sus comentarios y en el contenido de sus intervenciones.

- **Amplía tu círculo de posibles clientes.** Piensa cuál es tu público objetivo y quiénes son los clientes que se encuentran en los extremos, los más cercanos y alejados, es decir, aquellos familiarizados con el tema o aquellos que casi no prestan atención. Analizando y comparando a los clientes que están en los extremos, podremos comprender mejor los comportamientos, deseos y necesidades de la población.

- **Describe perfiles de clientes o usuarios.** ¿Cuáles son las característcas principales del *target* de la marca? Además, trata de diseñar tres tipos de perfiles en tu audiencia que comprendan a todos los usuarios. De esta forma, conectarás mejor con tus clientes, atenderás sus necesidades, los acompañarás en su experiencia de compra y detectarás sus momentos de influencia más importantes.

MAPEAR EL *CUSTOMER JOURNEY* Y LOS MOMENTOS CLAVE DE INFLUENCIA

- **Describe el viaje del consumidor para cada perfil de usuario.** ¿Cuál es su hoja de ruta? Es bueno que lo dibujes para poder visualizarlo y poder trabajarlo. Piensa qué tipo de marcas visitaba o compraba antes de dar con la tuya y si algunos son consumidores fieles o fans.

- **Considera el contexto de tus clientes.** ¿Qué tipo de información buscan y qué preguntas hacen? Trata de pensar en su comportamiento antes de que tomen decisiones de compra. Piensa cómo se informan, qué necesitan saber para decidir, con quienes comparten el proceso y en qué condiciones se produce la compra.

- **Identifica los momentos de influencia y los puntos de contacto del** *influencer.* ¿En quién confía para obtener información y orientación? Piensa quiénes dan a conocer tu marca entre los consumidores, quiénes proporcionan información sobre sus características y quiénes ayudan en la toma de decisiones. Te será de ayuda fijarte en los diez momentos de influencia señalados al principio del apartado.

DETECTA LOS TEMAS E *INFLUENCERS* EN LOS PUNTOS DE CONTACTO

- **Define los temas más relevantes en cada etapa del proceso de compra.** ¿Cuáles son los temas de conversación? Trata de realizar una lista de *influencers* que estén publicando activamente contenidos sobre dichos temas e identifica quiénes son los líderes de opinión, aquellos que muestran un mayor conocimiento y que presentan un mayor interés para su comunidad de seguidores.

- **Genera palabras clave a partir de los temas relevantes.** ¿Cuáles son los términos que más se repiten en las conversaciones en internet? Ver quién está publicando más contenidos en torno a estas palabras facilita la identificación de *influencers*. No olvides destacar las palabras clave en las conversaciones de los clientes en torno a tu marca o producto.

- **Destaca a los influencers más relevantes.** Una vez analizados los temas y las palabras más relevantes en las conversaciones que se producen durante el proceso de compra, y tras identificar durante el camino posibles líderes de opinión, es imprescindible que retengamos a aquellos que generen un contenido de mayor interés y cuyas audiencias estén más comprometidas. Además, lo ideal es que sean perfiles semejantes a nuestros clientes.

4. *INFLUENCED* PERSONA

Una vez analizadas las características digitales de nuestro público, comprendida la psicología de compartir en redes sociales y seguir a los influyentes, y aprendido cómo y cuándo conectar con ellos, llega el momento de poder sintetizar cómo son influidos los diferentes perfiles de clientes en nuestro plan de marketing. Para esto, proponemos un nuevo concepto, *influenced* persona.

Influenced persona es la representación ficticia generalizada de un cliente influenciado que nos ayuda a comprender mejor cómo es nuestro cliente, quiénes le influyen y cómo y cuándo lo hacen. Por tanto, estamos hablando de la creación de perfiles que expliquen los procesos de influencia –representaciones ficticias del cliente ideal– en un determinado grupo. Te recomiendo trabajar la siguiente ficha, teniendo en cuenta que en este caso nos enfocamos a un cliente que va a consumir un producto o servicio:

Cuadro 2.1. Ficha de trabajo *influenced* persona

INFLUENCED PERSONA	
○ **Información general**	○ **Flujo de Influencia (Quiénes le influyen: por qué, cómo y cuándo)**

Datos sociodemográficos Edad, sexo, estado,ciudad, estudios, etc.	**Personalidad** ¿Es una persona segura de sí misma? ¿Le gusta tomar decisiones? ¿Lo hace de forma rápida y decidida? ¿Dónde busca seguridades? Trata de describir si es una persona que se deja influir y en qué ámbitos busca más el apoyo y la seguridad en otros
Familia y amigos ¿Qué rol tienen en su vida? ¿Valora y buscas sus opiniones a la hora de elegir productos y servicios?	**Quién le influye más** Medios de comunicación, marcas, celebrities, *influencers* digitales, familia y amigos (influentials). **Cómo le influyen** Psicología del seguidor; proceso de influencia: persuasión, imitación, manipulación o contagio.
Uso de redes sociales ¿Cuáles utiliza más? ¿En qué momentos?	**Funciones de los influyentes considera más importantes** Ayudan a saber la cultura y valores sociales del momento; son fuentes de información; son fuentes de consejo; son modelos de comportamiento; son fuentes de seguridad.
Comportamiento de compra Describe su *customer journey*	***Influencers* y redes sociales** ¿Qué *influencers* sigue? ¿Qué contenido publicado por *influencers* le gusta más?
Marcas afines que utilizan en nuestra categoría de producto/servicio	**Momentos clave de influencia en el proceso de compra** ¿Cuándo impactan los más influyentes?

Fuente: elaboración propia

¡RECUERDA!

* Cada generación tiene unas características peculiares. Debes conocer sus redes sociales preferidas, cómo interactúa cada grupo con el contenido de las redes sociales y el modo en que siguen a otros usuarios en la red.

* Para conectar con tu público trabaja en la definición de perfiles; mapea el *customer journey* y los momentos de influencia clave, y destaca los temas de conversación e *influencers* relevantes para tu comunidad.

* Trabajar los perfiles de *influenced* persona de tu público es clave para desarrollar un plan de *influencer marketing* con la mayor eficacia.

CAPÍTULO 3

PROCESOS DE INFLUENCIA Y TIPOLOGÍAS DE *INFLUENCERS*

1. PROCESOS DE INFLUENCIA

Cómo hemos visto en los dos primeros capítulos, las personas influimos y somos influidas en muchas ocasiones y por otros. Cuando tratamos de analizar quién influye a nuestro público, a nuestros clientes, podemos analizar diferentes grupos de actores influyentes: medios de comunicación, marcas, *celebrities*, *influencers* e *influentials* (familia y amigos). En este caso, como nos centramos en el desarrollo del plan de *influencer marketing* en empresas que ofrecen al consumidor final productos y servicios, no consideraremos la influencia de instituciones público-privadas. Además, hay que tener en cuenta que estos actores influyentes cumplen distintas funciones tanto en la sociedad como en nuestros públicos y clientes. Estas funciones se pueden resumir en seis: medidores de la cultura y los valores sociales, fuentes de información, fuentes de consejo, modelos de comportamiento, fuentes de seguridad y difusores de innovaciones. A continuación, vamos a explicar cuatro procesos de influencia o modos de influir.

INFLUENCIA POR PERSUASIÓN

Es la influencia que se realiza y se recibe con mayor consciencia. El influyente tiene el propósito de ejercer una influencia activa sobre la otra persona y, para ello, aprovecha cualquier oportunidad, así como múltiples métodos, con el objetivo de transmitir una información y consejo que mueva a la acción. En el mundo *online*, los *influencers* que se dedican profesionalmente a colaboraciones de *influencer marketing* y viven de esto intentan que la persuasión no sea percibida por la comunidad. Sin embargo, cuando la colaboración con una marca busca de forma directa promover las ventas y el beneficio del *influencer* depende de estas, la persuasión es mayor.

INFLUENCIA POR IMITACIÓN

A través de esta influencia, una persona quiere copiar las acciones, productos o formas de pensar de otra. La imitación es un fenómeno social elemental que siempre se da entre personas, aunque, con frecuencia, no solo buscamos copiar un producto o acción, sino que buscamos a través de la imitación parecernos al otro y copiar su estilo de vida. Este tipo de influencia e imitación puede darse de forma consciente o inconsciente. Además, algunas personas son modelos de comportamiento y consumo para otras: influencia basada en la admiración. Este es uno de los procesos de influencia en los que se basa el *influencer marketing*.

INFLUENCIA POR MANIPULACIÓN

Este proceso de influencia, basado en la manipulación, se fundamenta en que solo una de las partes, el influyente, es consciente de la influencia que se está ejerciendo. La influencia por manipulación puede mover a la acción o, finalmente, no impactar sobre el individuo. Con frecuencia, la persona termina siendo consciente de la manipulación, lo que produce un rechazo total y una crítica al influyente. Este tipo de influencia no se utiliza dentro del *influencer marketing* y puede dar lugar a problemas legales.

INFLUENCIA POR CONTAGIO

El contagio es la influencia que mejor ejercen los *influencers*, especialmente aquellos que tienen comunidades de seguidores más pequeñas o solo influyen en sus círculos cercanos. La influencia por contagio es clave para la difusión de innovaciones. En la mayoría de los casos, se produce de manera inconsciente, tanto por parte del influido como del influyente. El *influencer* transmite, pero su objetivo no es persuadir buscando mover a la acción.

2. TIPOLOGÍAS DE *INFLUENCERS*

Influencers, *instagrammers*, líderes de opinión, conectores, *influentials*, expertos, *microinfluencers*, *youtubers*... Seguro que has oído muchos de estos nombres con frecuencia y, en más de una ocasión, habrás sentido un poco de confusión a la hora de diferenciarlos.

Cada vez existen más perfiles de *influencers* y son muchas las tipologías de *influencers* que podemos encontrar en la red. El objetivo de este capítulo es explicar los diferentes tipos de *influencers* que existen, de una forma sencilla y clara, para poder trabajar y colaborar con ellos de manera más profesional. Cuanto mejor entendamos sus diferencias, mejor podremos activar su poder de influencia en nuestras campañas. Podemos diferenciar tres tipologías: en función de la plataforma, en función de su perfil personal-profesional y en función de parámetros digitales.

Cuadro 3.1 Tipologías de *influencers*

TIPOLOGÍAS DE *INFLUENCERS*				
Por plataforma	Por perfil personal-profesional			Por número de seguidores
	Ámbito de influencia	Difusión de tendencias	B2B y B2C	
Instagrammer Youtuber Bloguero Facebook Twitter Pinterest Snapchat TikTokers	Líder de opinión oficial *Influential*	Conector Conocedor Vendedor	*Advocate* *Celebrity* Autoridad Conector Marca personal Analista Activista Experto *Insider* Disruptor Periodista	Mega Macro *Mid-Tier* Micro Nano *Influential*

Fuente: elaboración propia

POR PLATAFORMA

Esta categoría es la más sencilla de todas: se basa en las diferentes plataformas sociales donde los *influencers* pueden compartir su contenido. Las redes sociales están en constante evolución y, con frecuencia, aparecen nuevas redes que conviven o reemplazan las anteriores. Además, dependiendo del país o continente, unas redes sociales son más importantes que otras (como el caso de WeChat en China). En este apartado, vamos a referirnos a principales.

Asimismo, aunque la tendencia es que los *influencers* o líderes de opinión utilicen más de una red social, la mayoría de ellos dan más importancia a una plataforma que a otra. Esta se convierte en su canal de comunicación más importante con sus seguidores y es donde suelen publicar sus contenidos más valorados e interactúan.

- ***Instagrammers.*** *Influencers* que centran su actividad en la plataforma Instagram, a través de la cual se conectan sus seguidores y publican varios contenidos al día, especialmente a través de las *stories*, que reflejan sus rutinas. El desarrollo del *influencer marketing* se ha propiciado, en gran medida, por la aparición de cientos de perfiles de *influencers* en Instagram.

- **Youtubers.** Creadores de contenidos de la red social YouTube. Normalmente, su actividad en las redes sociales se centra en la creación de contenidos en formato vídeo, elaborados y editados por ellos. Su canal cuenta con comunidades de miles de seguidores muy fieles.

- **Bloggers o blogueros.** Líderes de opinión, expertos en temas o amantes de una categoría de productos que se dan a conocer a través de sus blogs. Podemos identificarlos como la primera y principal categoría de *influencers* que surgió al comienzo de la era digital. Con la proliferación de las redes sociales, muchos de estos *bloggers* migraron a otra red social, como puede ser Instagram o YouTube. A pesar de ello, muchos mantienen su blog, donde desarrollan los contenidos de sus redes sociales e integran sus publicaciones.

- **Influencers en Facebook.** Líderes de opinión que se comunican y comparten sus contenidos a través de Facebook. Muchos de ellos colaboran con las marcas dando a conocer promociones o promoviendo concursos.

- **Influencers en Twitter.** También conocidos como «tuiteros», se caracterizan por participar en grandes conversaciones en Twitter, por fomentar la viralidad de los contenidos y por mantenerse alerta ante las noticias más actuales o *trending topics*, en los que intervienen animando la conversación y compartiendo sus opiniones.

- **Influencer en Pinterest.** Influyentes de Pinterest que muestran universos inspiracionales, tras lo cual acumulan en sus perfiles o tableros cientos de seguidores. Cuando realizan un tablero, muestran qué fotos han inspirado sus *looks*, la decoración de sus casas o su alimentación.

- **Influencer en Snapchat.** Usuarios que se mantienen muy activos en Snapchat. Por el enfoque de esta red social, suelen ser jóvenes a quienes les gusta crear contenido aprovechando los filtros creativos de esta red social.

- **TikTokers.** Son los *influencers* de la red social TikTok, con comunidades de seguidores grandes que comparten vídeos que producen un gran volumen de interacciones. Normalmente son *influencers* entre 13 y 22 años.

POR PERFIL PERSONAL O PROFESIONAL

Otra manera de diferenciar a *influencers* o líderes de opinión consiste en en prestar atención a su perfil personal-profesional: cómo se han convertido en *influencers*, qué tipo de influencia ejercen sobre otros individuos, qué aportan a la comunidad... En los años cincuenta, cuando comenzaron los estudios sobre la influencia personal —con el sociólogo Karl Lazarsfeld—, se distinguían dos tipos de influyentes:

- **Líderes de opinión oficiales.** Personas que influyen por su cargo político, posición o estatus social. La sociedad reconoce su poder y discierne cuándo tratan de persuadirles.

- *Influentials.* Personas que influyen de forma natural en sus círculos cercanos (amigos, familia, colegas y vecinos). Se trata de un «liderazgo casi invisible y ciertamente inconsciente de persona a persona, cotidiano, íntimo, informal y diario». Los *influentials* suelen tener un campo de conocimiento que les gusta y motiva, convirtiéndose en grandes consumidores de contenidos en esa área de interés y difusores de su conocimiento. Por esto, son más activos a la hora de compartir información que sus círculos cercanos. Su liderazgo no se limita a meras palabras; sus familiares y amigos confían en ellos y buscan sus consejos a la hora de tomar decisiones sobre los temas que dominan. Motivan a actuar de cierta manera, siendo capaces de influir en el comportamiento, las opiniones y las actitudes de sus círculos cercanos.

Malcolm Gladwell, en su conocida obra *Tipping Point*, explica que las tendencias sociales, ya sean ideas, productos o comportamientos, se difunden en la sociedad de forma vírica. Esta difusión se produce, en gran medida, gracias a un grupo de personas que reúnen unas características especiales para la difusión de un mensaje. Estas tres categorías son:

- **Conectores** (*connectors*). Personas que tienen una gran cantidad de contactos que han hecho a través de diversos círculos sociales, culturales y profesionales. Disfrutan conociendo gente, creando nuevos vínculos y amistades. Gladwel explica que es gente que tiene un don extraordinario para unir a unas personas con otras y conectan el mundo gracias a su curiosidad, confianza, sociabilidad y energía.

- **Conocedores** (*mavens*). Son los que aglutinan mucha información y conocimiento y que están al día de las noticias y tendencias sociales y comerciales. Además, les gusta compartir su conocimiento y tratan de hacerlo de forma adecuada, sin importunar. Estas personas también reúnen habilidades sociales y comunicativas, por lo que propician epidemias a través del boca a boca.

- **Vendedores** (*salesmen*). Tienen una alta capacidad para persuadir y negociar. Tienen una personalidad atractiva y pegadiza que les permite conseguir que las personas que los escuchan se convenzan de aquello que les están diciendo. Son los denominados «vendedores natos».

Otro de los perfiles de influyentes, relacionado con los consumidores y clientes de una empresa tanto B2B como B2C, es el de los defensores de una marca, producto o servicio, conocidos como *advocates*:

- **Defensores** (*advocates*). Aquellos individuos que muestran el apoyo a una marca de forma genuina y sin recibir ningún tipo de compensación. Lo hacen desinteresadamente porque les gusta la marca, pero no mantienen ninguna afiliación con ella. Estos defensores son, por lo general, consumidores de la marca; puesto que les gusta su producto o servicio, la prescriben de manera natural fomentando conversaciones positivas en sus círculos cercanos. También suelen ser empleados de las marcas con sentimientos positivos hacia la empresa o simplemente individuos a favor de la misión y los valores de la empresa.

Como vemos, existen muchas clasificaciones para analizar los perfiles de los líderes de opinión. Pero, antes de finalizar, es interesante conocer la tipología que hace la empresa de marketing Traackr sobre las distintas caras de la influencia, especialmente útil para el B2B, donde se presentan los siguientes diez perfiles:

- **Celebrities.** Personas de reconocida fama que cuentan con una audiencia muy amplia que supera el millón de seguidores. Suelen ser cantantes, deportistas, modelos, actores... La fama de estas personas les permite realizar grandes colaboraciones para respaldar marcas o productos, por las que cobran elevadas cantidades de dinero. Tienen la capacidad y la ventaja de transmitir mensajes a amplias audiencias.

- **Autoridades.** Expertos reconocidos en áreas determinadas que despiertan gran admiración, es decir, las personas de más renombre en su oficio. Su conocimiento suele venir de terceros, pero tienen la habilidad de conectar diferentes áreas temáticas y personas. Comparten con su comunidad la información adecuada en el momento preciso. Como consecuencia, sus mensajes son percibidos como de gran valor. Además, su audiencia es muy relevante, pues en ella se encuentran expertos de la industria.

- **Conectores.** Personas involucradas en múltiples problemas, temas o industrias. Son individuos cultos, con un conocimiento general que les permite comenzar y participar en buenas conversaciones donde realizan las conexiones adecuadas entre temas y personas. Aunque su conocimiento sobre determinadas áreas no sea profundo, suele ser suficiente para participar con comodidad en dichas conversaciones. Tienen la capacidad de generar nuevas conexiones contantes.

- **Marca personal.** Personas con la habilidad de crear mensajes y transmitirlos de forma amplificada. Con frecuencia, trabajan realizando consultorías y acuerdos con múltiples empresas. Su valor es su nombre y reputación. Suelen ser personas que huyen de debates que puedan dar lugar a grandes confrontaciones y les gusta ser elogiados o que cuenten con ellos.

- **Analistas.** Expertos en una materia que demuestran un gran interés por las tendencias de su industria y la información relevante sobre la misma, sin prestar tanta atención a la información oportunista. Poseen experiencia en su sector y trabajan realizando proyectos de consultoría o publicando información de gran relevancia. También pueden trabajar dentro de una empresa, aportando un liderazgo innovador.

- **Activistas.** Personas enfocadas en un tema o conjunto de temas relacionados que promueven y defienden. Suelen tener grupos de fans que son leales a las ideas que ellos mismos defienden. Crean lazos fuertes con su comunidad, a pesar de que sus audiencias son limitadas —dependiendo del problema que defiendan y de la conversación que generen— y, fuera de ellas, sus lazos son débiles.

- **Expertos.** Personas con tendencia a la autopromoción que prefieren mantenerse alejadas de las *celebrities*. Leen y escriben sobre su campo de especialización, manteniéndose a la cabeza de los nuevos temas relacionados con su industria. Ser un experto que influye no es lo mismo que ser una autoridad en este ámbito. El experto genera un conocimiento más técnico y especializado que no suele estar orientado a grandes audiencias.

- *Insiders.* Expertos de la industria que buscan promover historias o noticias que influyan de manera positiva en su empresa o sector. Son personas apasionadas que establecen alianzas para promover información positiva. Activan sus industrias, pero no impulsan la venta de forma directa, aunque su influencia los lleva a inducir a la compra a aquellos que los escuchan.

- **Disruptores.** Encargados de desafiar lo preestablecido, nos mueven a hablar sobre problemas y oportunidades reales de cambios en una industria o empresa. Buscan ver más allá, descubrir y entender lo que hay detrás de un problema o tendencia y generar nuevas soluciones. Sus seguidores esperan de ellos que realicen las preguntas difíciles y planteen cambios en las conversaciones, fomentando la activación de los participantes.

- **Periodistas**. Responsables de la redacción y la publicación de las noticias. En muchas ocasiones, trabajan como autónomos o tienen sus propias webs, en las que publican su contenido con total libertad. En sus noticias buscan verificar hechos y hablar de temas de rabiosa actualidad. Profundizan en temas y contrastan información para aportar contenido de valor a su comunidad.

POR VOLUMEN DE SEGUIDORES

Desde el comienzo de la blogosfera hasta la masificación de perfiles en Instagram y YouTube, la aparición de *influencers* en el ámbito digital no ha dejado de crecer. Una consecuencia es que las redes sociales permiten cuantificar el poder de influencia de los individuos a través del análisis de métricas digitales. Para clasificar a los miles de *influencers* que encontramos por la red, las agencias de marketing y comunicación suelen centrarse en dos variables: el tamaño de la comunidad (alcance) y las interacciones del *influencer (engagement)*.

- **Alcance.** Es el tamaño del público o audiencia de un *influencer* en sus canales sociales, es decir, el número de seguidores o suscriptores. Se ha convertido en la medida clave para definir el poder de influencia en los segmentos que las marcas quieren alcanzar. En sus estrategias de *influencer marketing*, las empresas deben pensar si les interesa llegar a un gran público, para lo que se basarán en la popularidad del influyente, o si, por lo contrario, prefieren audiencias más pequeñas pero mejor segmentadas.

- ***Engagement.*** Es la relación entre el alcance de la comunidad de un *influencer* y el volumen de interacciones (número de me gusta o *likes*, comentarios, contenido guardado o compartido) de la audiencia con el contenido del *influencer*.

La mayoría de las tipologías se centran en el alcance. El problema es que cada agencia utiliza diferentes horquillas de seguidores, que pueden llevar a confusión a las empresas. Por esta razón, la empresa Mediakix ha propuesto una terminología estándar para analizar las diferentes tipologías, centrándose en el número de seguidores en Instagram y en el volumen medio de visualizaciones de vídeos en YouTube, que serán las que explicaremos a continuación. Dado que estas dos redes sociales son las que aglutinan mayor número de *influencers*, nos centraremos en ellas.

Cuadro 3.2. Tipología de *influencers* según el número de seguidores en Instagram

Tipología en Instagram *Nanoinfluencers* o *influentials* **(1K-10K)**	Son los *influentials*, influyentes informales entre sus círculos cercanos, con pocos seguidores y que todavía no tienen una fama reconocida. Conocen a la mayoría de sus seguidores. Algunos de ellos, a medida que su comunidad crece, comienzan a realizar algunas colaboraciones con marcas que contactan con ellos para regalarles sus productos. La colaboración con estos *influencers* es más sencilla y accesible. • Pros: tienen un *engagement* muy alto con su comunidad. • Contras: se necesitan cientos de estos influyentes para lograr el alcance de un micro.
***Microinfluencers* (10K-50K)**	Tienen comunidades nicho definidas y con un alto nivel de *engagement*, lo que permite crear campañas de marketing muy personalizadas. Durante el 2018, han sido los *influencers* más analizados y los que más colaboraciones han realizado, tanto en Europa como en Estados Unidos, especialmente entre marcas de moda y belleza. • Pros: su comunidad está muy bien definida, tienen una tasa muy alta de *engagement*, suponen un coste menor de colaboración y son eficaces a la hora de concienciar sobre nuevos productos. • Contras: su comunidad es reducida y no están acostumbrados a establecer relaciones profesionales con las marcas. Sus contenidos suelen ser menos elaborados.

71

Mid-tier-influencer (50K-500K)	Son *influencers* que trabajan sus redes sociales de manera más profesional que los micro e incluso algunos se dedican a tiempo completo a su trabajo como *influencers*. Sus colaboraciones con marcas también están más profesionalizadas. Además, ofrecen un alcance más grande que los nano o los micro y son más accesibles que los macro y los mega, por lo que constituyen el punto medio, aunque también comienzan a pedir cantidades más elevadas de dinero por las colaboraciones.

- Pros: tienen mayor alcance, muchos siguen colaborando con las marcas a cambio de producto o tienen tarifas más asequibles para los macro-mega *influencers*. Es más sencillo contactar con ellos y trabajar de forma ágil.

- Contras: algunos tienen seguidores falsos. Cuando se acercan a 300 K seguidores las colaboraciones no remuneradas pasan a un segundo plano. A veces ofrecen menos fidelidad a las marcas.

Macroinfluencers (500K-1M)	Son los *influencers* de Instagram más establecidos. La mayoría de ellos vive de sus ingresos por colaboraciones de *influencer marketing*, aunque la actividad principal de algunos es su trabajo como modelos, músicos, fotógrafos, deportistas o actores. Las colaboraciones con los macro están más profesionalizadas: muchos de ellos cuentan con una agencia o representante que se encarga de las colaboraciones y tienen tarifas prestablecidas (por ejemplo, por CPM o coste por mil impresiones). Los *influencers* cobran por su alcance o *engagement*, pero también tarifan su estatus.

- Pros: tienen una gran comunidad a la que impactan con sus colaboraciones; según MediaKix, son el punto óptimo entre el coste de la colaboración, el gran alcance que consiguen y el retorno de inversión de las colaboraciones. Trabajan la autenticidad de su perfil.

- Contras: la mayoría cuenta con agencias o representantes que llevan su agenda de colaboraciones, lo que, en ocasiones, retrasa la aprobación de los acuerdos. Han perdido su poder de influencia informal, por lo que ya no son percibidos como consumidores cercanos que dan sus opiniones de forma desinteresada, sino que son percibidos como individuos que trabajan colaborando con marcas, y sus *feeds* se convierten en catálogos de publicidad. Suelen pedir el control creativo de sus publicaciones.

| *Megain-fluencers* o *celebrities* (1M-5M) | Tienen estatus de *celebrities* e inmensas comunidades de seguidores. Influyen en la cultura popular y crean y difunden tendencias a través de sus millones de seguidores. Presentan una vida aspiracional. Sus representantes administran las colaboraciones y suelen estar reservadas a grandes marcas que invierten miles de dólares o euros. La mayoría son artistas, actores, atletas... con grandes carreras. Los patrocinios con ellos se trabajan de forma parecida a las colaboraciones tradicionales *offline*; de hecho, muchas de ellas son colaboraciones 360 *on/off* que implican múltiples plataformas de contenidos. Suelen firmar acuerdos como embajadores de marcas. |

* Pros: comunidades más grandes, por lo que con un solo post tienes un alcance masivo y se incrementa el conocimiento de marca en menos tiempo. Crean conversaciones en ámbitos culturales, grandes eventos o grupos sociales exclusivos.

* Contras: son las colaboraciones más caras. Sus contenidos patrocinados se perciben como poco auténticos y la mayoría no presta atención a su comunidad de seguidores. La audiencia es demasiado amplia para establecer objetivos específicos.

Fuente: elaboración propia

En relación con la variable del *engagement*, todavía no se han preestablecido tasas comunes sobre el compromiso de las comunidades. Diferentes estudios afirman que el *engagement* es inversamente proporcional al alcance, es decir: cuanto mayor sea tu comunidad de seguidores, menor será el *engagement* en tus publicaciones. Aunque también encontramos estudios que muestran que la tasa de *engagement* de los *microinfluencers* y de los *macroinfluencers* es muy parecida. Además, el *engagement* varía mucho, y no solo por el tamaño, sino que también depende de la categoría de producto, de la edad promedio de la comunidad del *influencer* o del formato del contenido. Un estudio de la empresa Mediakix muestra las diferentes tasas de *engagement* en relación con diferentes categorías de producto y el contenido pagado u orgánico.

Cuadro 3.3 Tasas medias de *engagement* por categoría de producto

CATEGORÍA		
	Engagement orgánico	*Engagement* contenido patrocinado
Mascotas	2.69%	2.34%
Parenting	4.13%	2.74%
Belleza	3.55%	2.68%
Moda	4.91%	3.45%
Entretenimiento	4.73%	3.51%
Viajes	3.02%	2.20%
Gaming	4.48%	3.14%
Fitness	3.05%	2.04%
Comida	1.39%	1.19%
Celebrities tradicionales	3.55%	2.21%

Fuente: elaboración propia a partir de los datos de Mediakix

Desde el punto de vista del *influencer marketing*, las categorías de *influencers* en YouTube prestan menos atención al nivel de suscriptores y se centran en el volumen promedio de visualizaciones que tienen sus vídeos. En este sentido, las marcas conceden mayor importancia a las visualizaciones porque son conscientes de que existen muchos *youtubers* que fueron muy populares hace años y tienen cientos de suscriptores, pero en la actualidad su volumen de visualizaciones es mucho menor. Sin embargo, YouTube tiene sus propias categorías de creadores de vídeos basadas en el nivel de suscriptores. Además, han creado una plataforma especial, llamada YouTube Creators, donde ofrecen consejos a los creadores, análisis de audiencias, monetización de los vídeos e incluso acceso a estudios de producción.

YouTube Creators

Cuadro 3.4 Tipología de *influencers* en YouTube

SEGÚN VOLUMEN DE VISUALIZACIONES (realizada por Mediatix)		SEGÚN NÚMERO DE SUSCRIPTORES (realizada por YouTube)	
Tipos de influencers	**Visualizaciones**	**Niveles de Creadores**	**Suscriptores**
Nanoinfluencer	1K-10K	Grafito	1-1K
Microinfluencer	10K-25K	Ópalo	1K-10K
Mid-tier-influencers	25K-100K	Bronce	10K-100K
Macroinfluencers	100K-1M	Plata	100K-1M
Élite influencers	+1M	Oro	+ 1M
		Diamante	+ 10M

Fuente: elaboración propia a partir de los datos de Mediakix y YouTube.

Para las colaboraciones de *influencer marketing* en YouTube, los profesionales tienen en cuenta otras variables como:

- Demografía de la audiencia: los *youtubers* pueden ofrecer informes detallados sobre su audiencia (edad, género, ubicación de la audiencia o el tipo de contenido que le gusta ver a su audiencia).

- Categoría: sobre qué tipo de productos suele hablar el *influencer* y en cuáles es experto. Muchos *influencers* se concentran en la categoría *gamer*, estilo de vida, belleza, humor..., por lo que colaborar con ellos supone un coste más elevado. Las marcas están explorando nuevos patrocinios con *influencers* de categorías diferentes.

- Comentarios en vídeos: cuál es la media del número de comentarios por publicación, el tono y el sentimiento de estos, conocer si el *influencer* escucha y responde a sus seguidores, etc.

- Difusión del contenido en plataformas: cada vez más *youtubers* son activos en otras redes sociales, especialmente en Instagram, por lo que las marcas evalúan la posibilidad de que publiquen el contenido en múltiples redes.

LOS NUEVOS *INFLUENCERS*: AVATARES EN INSTAGRAM

El año 2018 ha supuesto una gran revolución para el *influencer marketing*, no solo por el gran incremento de nuevos *influencers*, sino también por el salto a la fama de perfiles de *influencers* digitales que son avatares, una tendencia que va aumentando cada año. Realidad y fantasía se unen para crear perfiles de modelos que presentan vidas aspiracionales.

Cuadro 3.5 Lilmiquela, *influencer* avatar en Instagram

*Fuente: Perfil de Instagram de @lilmiquela, quien aparece en el festival de música Coachella con la cantante Rosalía.

Los perfiles más destacados se encuentran en el campo de la moda con @lilmiquela, @noonoouri, @shudu.gram o @blawko22, avatares, *influencers* o modelos digitales que reúnen cientos de seguidores y realizan colaboraciones con marcas como Dior, Prada, Valentino o Calvin Klein, entre otras. También han aparecido en revistas como *Vogue*. Algunas marcas crean sus propios avatares, aunque ya existen agencias de representantes de avatares digitales como The Diigitals, que ha realizado imágenes exclusivas con avatares para la marca Balmain Paris, Ellesse o Smart.

Ver videonoticia sobre avatares digitales.

NUEVA TIPOLOGÍA DE *INFLUENCERS*

Son muchas las diferentes propuestas para clasificar a los *influencers*. Para facilitar la realización de un plan de *influencer marketing* proponemos una clasificación que resume las anteriores y añade cuatro variables más: la relevancia, la resonancia, los objetivos de *influencer marketing* que se suelen trabajar con los *influencers* y en qué etapa del *customer journey* es más adecuada la colaboración con los diferentes *influencers*.

- **Relevancia.** Es la calidad de la alineación del estilo, valores y temas que trata un *influencer* con la personalidad e intereses de una marca y la comunidad de la marca. Por ejemplo, la relevancia es positiva cuando el *influencer* publica contenido importante para la marca y la audiencia de la marca. También hace referencia a qué será más relevante para el público y en las conversaciones: el tema del contenido publicado, la marca o el *influencer* en sí.

- **Resonancia.** Es la calidad de la conexión entre un influyente y sus seguidores, el tipo de relación personal que el *influencer* da a la comunidad, cómo la atiende y cómo la mueve a la acción. Por ejemplo, una resonancia positiva se da cuando el *influencer* responde a los mensajes directos o comentarios de sus seguidores o cuando interactúa con ellos de forma personal y bidireccional.

- **Objetivos.** Qué *influencers* son más propicios para alcanzar tus objetivos para tu plan de *influencer marketing*.

- *Costumer Journey.* En qué etapa del proceso de compra impacta más cada *influencer*.

TIPOLOGÍAS DE INFLUENCERS

① *MEGAINFLUENCERS*

Definición	Alcance	Engagement	Relevancia
Principalmente artistas, actores, *celebrities*, deportistas, grandes blogueros e *instagrammers* o *youtubers*. Cuentan con representantes que gestionan sus colaboraciones y equipos que les ayudan en la planificación, creación y edición de contenidos.	Más de 1 millón de seguidores (1M)	1-2 %	Alineación media con la marca y su comunidad. En colaboraciones suele tener más relevancia el *influencer* o el tema que la propia marca.

Resonancia	Objetivos de influencer marketing	Customer journey
Vidas más aspiracionales. Cuidado de la comunidad muy limitado.	Conocimiento de marca Nuevas audiencias Reputación	Inspiración

② *MACROINFLUENCERS*

Definición	Alcance	Engagement	Relevancia
Principalmente blogueros, *instagrammers* o *youtubers* que se dedican profesionalmente a su vida de *influencers*. Crean y distribuyen muchos contenidos de gran calidad y son los perfiles más activos en redes.	Entre 500K y 1M	2-3 %	Alineación alta en torno a sus contenidos y la marca. La cantidad de contenidos patrocinados hace que a veces no se preste atención a estos. La relevancia de la persona o el tema pesan un poco más que la marca.

MACROINFLUENCERS

Resonancia	Objetivos de *influencer marketing*	Customer journey
Capacidad alta de mover a la acción, aunque el cuidado de su comunidad es menor debido al volumen de seguidores. Presentan una vida aspiracional.	Conocimiento de marca Nuevas audiencias Reputación *Storytelling*	Inspiración Generar necesidades

③ MICROINFLUENCERS

Definición	Alcance	Engagement	Relevancia
Perfiles activos en redes sociales. Pueden ser *instagramers* o *youtubers*. Normalmente tienen una mayor influencia a nivel local o en nichos de mercado. Son más accesibles y sus cuotas por colaboraciones son más asequibles para medianas y pequeñas marcas.	Entre 10K y 500K	4-5 %	Presentan la alineación más alta, uniendo el interés por los contenidos que patrocinan y sus vidas personales. En sus colaboraciones, suelen dar gran relevancia a la marca.

Resonancia	Objetivos de *influencer marketing*	Customer journey
Capacidad más alta para producir reacciones en su audiencia y mover a la acción. Cuidan mucho su comunidad. Presentan una vida inspiracional.	*Storytelling* *Engagement* Conversiones	Generar necesidades Toma de decisiones

④	INFLUENTIALS		
Definición	**Alcance**	**Engagement**	**Relevancia**
Consumidores activos en las redes sociales con audiencias más pequeñas, pero con alto nivel de implicación. También se les conoce como *nanoinfluencers*. Su influencia se da principalmente entre sus círculos cercanos.	Entre 1K y 10K	5-6 %	Alineación total con los contenidos personales. Cuando colaboran con alguna marca, la relevancia se suele centrar en si están produciendo conversaciones en torno a ella.

Resonancia	**Objetivos de influencer marketing**	**Customer journey**
Impacto alto para mover a la acción en sus relaciones personales. Contacto y atención personal con la comunidad.	Conversiones	Compra y poscompra

Fuente: Elaboración propia

LA METAMORFOSIS DE LOS *INFLUENCERS*

Debemos tener en cuenta que los *influencers* no están de forma estática en una categoría, con el paso del tiempo evoluciona su rol, su comunidad de seguidores y, por tanto, su tipología. Las redes sociales propician un aumento de casos de personas con influencia no oficial que pasan a tener reconocimiento mundial tanto a nivel *online* como *offline*. Cada vez son más los individuos que siendo *influentials* han pasado a ser *influencers* teniendo grandes comunidades de seguidores, dedicándose exclusivamente como trabajo profesional a la actualización de sus plataformas sociales y las colaboraciones con marcas, o llegando a convertirse en reconocidas *celebrities,* como el caso de Chiara Ferragni en el sector de la moda. Estos cambios pueden ser explicados como procesos de metamorfosis.

Fuente: Caso de Chiara Ferragni. Elaboración propia para *Fashion Influentials*, 2018

CAPÍTULO 4

CATEGORÍAS DE *INFLUENCERS*

En el presente capítulo, vamos a hacer un breve recorrido sobre las principales categorías de *influencers*, aunque es complicado encasillarlos en una sola. Muchos influyentes comienzan su andadura creando un contenido que encaja dentro de una categoría, como puede ser moda, belleza, *fitness*, etc., pero, a medida que sus comunidades aumentan y, por ende, su presencia en las distintas redes sociales, empiezan a publicar contenido más diverso, sobre todo si estos contenidos tienen relación entre sí. Algunas *influencers* que seguro que te suenan son Chiara Ferragni, Alexandra Pereira o Gala González, quienes dieron sus primeros pasos en el mundo de la moda; en la actualidad, se tiende a denominarlas *lifestyle influencers*. Aunque la moda sea el tronco sobre el que se vertebra su imagen y trabajo, acaban mostrando un contenido tan variado que lo que exponen, realmente, es un estilo de vida determinado. Además, podrás observar que, en muchos casos, existen dos tipos de tendencias en la trayectoria profesional de los *influencers*.

- **De la especialización al todo.** Definiríamos así a aquellos *influencers* que empezaron centrados en un único ámbito y que, con el tiempo, debido a la demanda de sus seguidores, empezaron a abrir el contenido de su canal hacia nuevas vías, añadiendo nuevos formatos o incluso basando su estrategia de comunicación en nuevos ámbitos. Un ejemplo de esto es Dulceida, a quien seguramente conociste por su dedicación a la moda, pero con el tiempo se ha ido diversificando hacia contenidos sobre viajes, *challenges*, belleza, etc.

- **Del todo a la especialización.** Por lo contrario, estos líderes de opinión nacieron de la imitación de otros *influencers* de éxito, subiendo contenido que sabían que funcionaba entre el público, sin una especialidad concreta ni un ámbito de opinión. Con el tiempo, sin embargo, se profesionalizan y encuentran su nicho de mercado, tras lo cual empiezan a dedicar casi todo su contenido a un único tema en particular.

¿El motivo de estos cambios? El número de *influencers* o personas que se dedican a subir contenido a las distintas redes sociales o soportes *online* ha aumentado considerablemente en los últimos años. Como bien sabrás, estamos en un momento marcado por el «renovarse o morir», en constante movimiento dentro de los medios sociales, buscando siempre cosas nuevas y, debido a la influencia del movimiento Fast Lifestyle, tendemos a la rutina del usar y tirar. De la misma manera que algunas marcas de Fast Fashion sacan colecciones nuevas todas las semanas, los *influencers* deben adaptarse a estos ritmos y acelerar y diversificar su producción de contenido.

1. MODA

Lo más probable es que lo primero que te venga a la mente si piensas en *influencers* sean aquellos relacionados con el mundo de la moda; sin duda, podríamos decir que esta es la categoría estrella. Fue la cuna en la que nacieron las *influencers* más conocidas del panorama internacional y, aún hoy, el paraguas de la moda es el que acoge al mayor número de líderes de opinión. Las primeras *influencers* comenzaron su andadura compartiendo fotos y contenidos en sus blogs, publicando sus *looks* o conjuntos diarios. Hoy, hacen campañas para marcas de lujo, saltando así de las redes a la gran pantalla, hasta el punto en que algunas han dejado de ser *influencers* para ser consideradas *celebrities*. No debemos olvidar que las clave del *influencer marketing* dependen en muchos casos de la esencia de marca y los valores de esta.

Como veremos en el capítulo siguiente, el *engagement* es una de las variables que más influye a la hora de elegir un *influencer* para tu campaña. Pero también debes analizar en profundidad a las personas con la que quieres asociarte, saber con cuántas otras marcas están trabajando, conocer sus conversaciones y, como punto fundamental, observar a sus seguidores. Esto último puede darte mucha información sobre tu *influencer*. Hay que ver si sus seguidores son reales, si comentan sus publicaciones y si sienten que tu *influencer* es una referencia para ellos. Así, comprenderás que, en muchas ocasiones, la calidad de la campaña no solo depende del número de seguidores, sino también del impacto que estos *influencers* causan entre sus *followers*.

También, la categoría de moda es quizás el lugar donde puedes encontrar mayores casos de éxito de *influencer marketing*. Chiara Ferragni, Alexandra Pereira o Gala González son tres nombres reconocidos. Como hemos dicho anteriormente, comenzaron su trayectoria con un blog en el que colgaban fotos suyas posando con distintos *outfits*, contaban su día a día, hablaban de moda y daban referencias de las prendas que lucían en cada imagen. Poco a poco, se fueron abriendo camino y, con la aparición de las distintas redes sociales, comenzaron a crear sus perfiles en distintas plataformas, llegando así a un macropúblico para lograr un impacto global.

Las *influencers* en moda más destacadas de cada país superan actualmente el millón de seguidores en Instagram, colaboran con marcas de lujo, ocupan portadas de revistas, grandes diseñadores han confiado en ellas para desfilar en sus pasarelas y, en ocasiones, cuentan con su propia marca de ropa.

Sin duda, son una gran referencia dentro del mundo de la moda. En Europa, debemos el origen del *influencer marketing* a Chiara Ferragni, aunque, con el tiempo y el aumento de su notoriedad y seguidores, ha pasado ya a ser considerada como una *celebrity* más.

A continuación, se destacan algunas *influencers* de moda a nivel nacional e internacional, así como los tipos de acciones que las marcas suelen realizar con los *influencers* en moda:

Cuadro 4.1 *Influencers* **de moda**

Influencers nacionales	Alexandra Pereira, Dulceida, Gala González, Paula Ordovás, Nina Urgell, María Pombo, María Fernádez-Rubíes, Belén Canalejo, Mery Turiel, Pelayo Díaz, Marc Forné, Álvaro Mel, Manuel Ordovás, Miguel Carrizo, Juan Yanes, etc.
Influencers internacionales	Danielle Bernstein, Aimee Song, Jenn Im, Camille Charriere, Lucy Williams, Leonie Hanne, Camila Coelho, Leandra Medine, Mariano Di Vaio, Matthew Zorpas, Gianluca Vacchi, Adam Gallagher, etc.
Tipos de acciones:	Promoción de productos, campañas publicitarias, vídeos inspiracionales, vídeos de *hauls* en los que enseñan las últimas incorporaciones a su armario y, a veces, se las prueban. *Unboxings* de ropa.

2. #FOOD Y #REALFOOD

Actualmente, hay una preocupación notable por la vida y la comida saludable. De hecho, es fácil ver que cada día hay más gente preocupada por su alimentación y por saber exactamente lo que come. Las redes sociales se han establecido como el escenario perfecto para mostrar que la mayoría de la comida que tomamos es procesada y tiene muchos aditivos. Si introduces en Instagram el *hashtag* #RealFood, podrás encontrar más de seis millones de publicaciones alrededor de este tema. Todo esto ha contribuido a que aquellos que utilizaban sus redes sociales para publicar sus recetas ganen visibilidad y aparezcan nuevas personas que decidan especializarse en este tema.

Dentro de esta categoría de *influencers* podemos encontrar chefs, nutricionistas o cocineros cuya fama surge de programas de televisión especializados, como MasterChef o personas que, aunque lo hagan como pasatiempo, se han convertido en *influencers* por publicar contenido centrado en este aspecto de la vida cotidiana. Aquí se muestran algunos ejemplos de *influencers* de esta categoría:

- @Carlosriosq. Si le conoces, sabrás que fue el primero en hablar sobre *real fooding* y que actualmente ofrece un contenido basado en la defensa de la comida real y la crítica hacia las grandes distribuidoras que promocionan sus artículos ultraprocesados como *healthy food*. Carlos tiene actualmente una página web en la que explica qué es el *real fooding* o comida real. También ofrece servicios de dietistas y nutricionistas especializados, sube recetas, propone retos... @Carlosriosq publicó su primer libro y se agotó a las pocas semanas.

- @mirimchef5. La identificarás por ser una de las finalistas de MasterChef. Tras su paso por el programa, comenzó a compartir su día a día y sus recetas a través de Instagram. @mirimchef5 es un claro ejemplo de la tipología de *influencers de la especialización al todo*, pues, como podrás observar, aunque es cierto que principalmente su contenido tiene que ver con la alimentación, cada vez es más común verla compartir sus looks, sus viajes y su otra pasión, el baile.

- @letoto4. A esta *influencer* podríamos incluirla dentro de dos categorías, la comida y el *parenting*. Esta joven española vive en Florida, tiene cuatro hijos y es una apasionada de la comida sana, por lo que todo su contenido gira en torno a sus hijos y la *real food*. Sus publicaciones suelen ser fotografías de su familia posando junto a las recetas *healthy* que Leticia prepara. Comparte con sus seguidores muchas recetas, trucos, consejos y retos para empezar una vida sana.

Hay *influencers* que no están especializados en esta categoría, pero dedican mucho tiempo a buscar nuevos restaurantes y ven la comida como una forma de ocio de lujo. Mientras disfrutan, se interesan por las actuales tendencias gastronómicas. En sus redes sociales muestran los platos que degustan y hacen recomendaciones a sus seguidores.

Cuadro 4.2 _Influencers_ de alimentación

Influencers nacionales	Carlos Ríos, Miriam Masterchef, Delicious Martha, Sara y Ani (fithappysisters), Aitor Sánchez, Auxy Ordóñez, Laura López (lauraponts) etc.
Influencers Internacionales	Gather and feast, Baker By Nature, My new roots, loveandlemons, etc.
Tipos de acciones:	Vídeos de recetas en YouTube o IGTV, así como fotos en Instagram de alguno de sus platos con las distintas recetas, promoción de productos. Los que tienen blog también cuelgan sus recetas ahí. En el mundo foodie también encontramos colaboraciones con _influencers_ que no son expertos en estas categorías. Una de ellas fue Paula Ordovás con El Corte Inglés, que enseñó en sus stories los productos de su compra habitual. Los días siguientes, la _influencer_ preparó vídeos con distintas recetas hechas a partir de los productos recibidos por el supermercado, siempre mencionando a la empresa.

3. _FITNESS_ Y SALUD

Como hemos visto en la categoría anterior, la tendencia actual hacia lo saludable, y el gusto por mantener el cuerpo sano por dentro y por fuera está a la orden del día. Como consecuencia las redes sociales han propiciado que los entrenadores personales se hayan convertido en una tipología más de influencia a través de la publicación de contenido en YouTube. _Influencers_ como Patry Jordán ayudan a difundir la tendencia en auge de hacer deporte en casa, ya que los _fitness influencers_ facilitan que podamos realizar rutinas deportivas sin salir de casa.

@Patryjordan tiene cinco canales en YouTube con millones de seguidores, pero es sin duda @GymVirtual donde la _influencer_ alcanza el éxito. La _influencer_ reta a sus seguidores a que empiecen a hacer ejercicio. Tiene vídeos en los que enseña cómo calentar y prepararse para hacer ejercicio, cómo tonificar las distintas partes del cuerpo, rutinas de diez minutos, retos, etc.

@Sergiopeinadotrainer es un *youtuber* que combina humor y su pasión por el ejercicio para enganchar a sus suscriptores. Podemos ver vídeos de ejercicios para hacer en casa, alimentación y cambios físicos. Incluso habla de los beneficios del frío para quemar calorías. @Kaylaitsines es una entrenadora personal australiana que cuenta con más de 10 millones de seguidores en Instagram, donde publica todos los días ejercicios para entrenar en casa. Además, cuenta con una aplicación móvil llamada Sweat donde, en colaboración con otras entrenadoras personales, facilita que las personas cojan gusto por el deporte con programas adaptados a todas las mujeres. En la actualidad, cuenta con un programa adaptado para embarazadas.

Otra disciplina frecuente en redes sociales es el yoga, y sus instructores han encontrado un nicho de audiencia dentro de Instagram y YouTube. Las denominadas *yoguis* son *influencers* que, a través de sus tutoriales de yoga y meditación, inspiran a millones de seguidores. Solo con escribir #yoga en Instagram podemos encontrar más de 60 millones de publicaciones. @yoga_girl tiene más de 2 millones de seguidores en Instagram y su contenido se basa en las distintas posturas de yoga, trucos o consejos para practicarlo.

@Kinoyoga es experta en Ashtanga yoga, la versión más dinámica de la práctica tradicional. La *influencer* comparte posturas, acompañándolas de largas y profundas reflexiones.

En lo relacionado con la salud, también encontramos médicos, farmacéuticos y psicólogos, muchos de ellos son líderes de opinión del tipo experto o marca personal...

Una de las *influencers* españolas más conocidas en este ámbito es @Patri_psicologa. Licenciada en Psicología, a través de Instagram comparte trucos para gestionar el tiempo, las emociones y ser feliz. Normalmente, muestra su contenido en dos formatos: bajo el *hashtag* #elminutillodepatri cuando publica pequeños vídeos analizando frases o dando consejos o abordando un tema mediante pequeños esquemas visuales. Patricia también tiene un canal de YouTube. En sus vídeos, la psicóloga trata temas como el amor, la ansiedad, la comunicación o la felicidad. Además, muchos *influencers* que realizan contenidos sobre salud se sirven de los pódcast para compartir sus ideas y consejos.

Cuadro 4.3 *Influencer* de *fitness* y salud

Influencers nacionales	Patry Jordán, Sergio Peinado, Jesús López Trainer, Lucía mi pediatra, Patri Psicóloga, Boticaria García, etc.
Influencers internacionales	Kino Yoga, Kaylaitsines, Rachel Brathen (Yogagirl), Lee Tilghman, Jp Sears, etc.
Tipos de acciones:	Vídeos de rutina de ejercicios en YouTube; posts en Instagram con consejos, podcast inspiradores, etc.

4. BELLEZA

Esta categoría, junto con la moda, es en la que encontramos el mayor número de *influencers*. Casi todas las marcas de este sector cuentan con *influencers* como imagen de marca. Hoy en día, podemos ver en carteles y anuncios las caras de las *influencers* de nuestro país y de todo el panorama internacional. Una de las maneras más efectivas de hacer *influencer marketing* es conseguir que el usuario conozca el producto en profundidad.

Ver a una *influencer* probar productos de belleza, cómo se peina y se maquilla y su opinión sobre múltiples productos de maquillaje genera una gran confianza en los consumidores. El usuario puede testar el producto a través de la experiencia del *influencer*. Estas acciones de marketing son más efectivas y más auténticas, porque disminuye la sensación de que el *influencer* ha sido pagado o nos quiere vender un producto que no sabemos si le gusta realmente. Cuando al *influencer* le gustan los productos y los usa en su día a día, genera más conversaciones y *engagement* en torno a estos productos. Los seguidores tienden a preguntar la marca del producto y cómo funciona. YouTube es la plataforma por excelencia en esta categoría gracias a las acciones de «How to...», en las que muestran vídeos donde podemos ver cómo prueban los productos, de manera que el contenido tiene una forma más natural. Además, las *influencers* de belleza han encontrado en IGTV un gran aliado, un paso intermedio entre las historias y los vídeos de YouTube, donde pueden compartir contenido más trabajado y de mayor duración para sus seguidores de Instagram.

Como dentro del mundo *beauty* o de belleza podemos encontrar un gran volumen de *influencers*, vamos a tratar de simplificarlo.

• **Marcas de cosmética asequible, como L'Oréal, Nyx o Maybelline.** Centran casi toda su publicidad en los *influencers*. Sus productos suelen ser de venta masiva y hacen lo mismo con el marketing de *influencers*. Tienen muchas «embajadoras» con las que trabajan de maneras distintas. A unas les envían productos a cambio de que los saquen en sus redes y, otras, además de recibir productos, colaboran y reciben también una remuneración económica. Por ejemplo, la marca de cosméticos Maybelline realizó una campaña de éxito con *influencers* a las que retó a probar un corrector de imperfecciones para probar su eficacia. Fueron las propias *influencers* las que, tras probarlo, publicaron fotos en sus cuentas demostrando el cambio tras el uso del producto bajo el *hashtag* #LoBorraTodo.

• **Marcas que son de alta gama o lujo, que también se han subido al carro de las *influencers*.** Este tipo de marcas, al tener una imagen más fija, son muy selectivas y filtran más las búsquedas para elegir quiénes les van a representar. La edad de las *influencers* elegidas por este tipo de marcas suele ser superior a los veinticinco años y, al igual que sus clientes, son más selectas, por lo que su perfil no está tan relacionado con el consumo masivo. Muchas de ellas colaboran durante muchos años y llegan incluso a sacar colecciones o productos de maquillaje con estas marcas. Uno de los últimos casos es el pintalabios que sacó la marca de cosméticos Mac junto a Dulceida. La *influencer* y la marca estuvieron trabajando para crear el pintalabios perfecto para Aida Doménech. Actualmente, el labial ya está a la venta, tras un evento que la firma y la *influencer* hicieron para su lanzamiento. En Instagram, hay más de trescientas publicaciones bajo el *hashtag* #macxdulceida.

Cuadro 4.4 *Influencers* de belleza

Influencers nacionales	Marta Bel (Ratolina), Sara Sabaté, Patry Jordán, Aishawari, etc.
Influencers internacionales	Huda Kattan, James Charles, NikkieTutorials, Dulce Tejeda, Yuya, etc.
Tipos de acciones:	Tutoriales en YouTube recreando maquillajes, pequeños vídeos en IGTV de su rutina de maquillaje diaria, *hauls* de maquillaje tanto en YouTube como en Instagram stories. Por ejemplo, la *youtuber* Ratolina suele hacer muchos vídeos testando y comparando productos de distintas marcas.

5. PARENTING

El *parenting* es otra de las categorías que, actualmente, está en auge. Cada vez es más común encontrarnos con *influencers* cuyo contenido en redes se basa en la familia, sus hijos y su día a día. Muestran aspectos de su vida corriente y los mezclan con temas de belleza, viajes, moda o decoración, pero siempre en un entorno familiar y teniendo como protagonistas a sus hijos y su desarrollo dentro de un marco familiar. Esta tendencia donde los padres comparten contenido centrado en sus hijos se conoce como *Sharenting*.

Aunque, como hemos dicho anteriormente, esta es una categoría que está en crecimiento, son muchos los que no están de acuerdo con que algunos padres se beneficien de sus hijos para ser conocidos y ganar dinero. Esto se puede observar en alguno de los comentarios que dejan los seguidores en las publicaciones. De hecho, en change.org hubo una recogida de firmas para que cerraran el canal de una famosa *youtuber* por «utilizar a sus hijos para lucrarse».

Dentro del *parenting* podemos encontrar dos tipos de *influencers*. Algunas, como puede ser Verdeliss, madre de siete hijos, comienzan su andadura en el mundo *online* contando las aventuras de su familia. Sus seguidores han podido vivir junto a la *influencer* la búsqueda de nuevos miembros de la familia, sus embarazos, sus partos... También, los primeros pasos y palabras de algunos de sus hijos, sus cumpleaños, etc.

Por otro lado, están las que comenzaron compartiendo un contenido que no tenía que ver con esta categoría, pero que con el tiempo han tenido hijos y han centrado sus publicaciones en su familia, razón por la cual se las etiqueta de *influencers* en *parenting*. Aquí podríamos encontrar a Belén Canalejo (Balamoda), *influencer* y madre de cuatro hijos, cuyos primeros pasos en el mundo de la moda fueron a través de su blog, en el que compartía *outfits* y tendencias. Aunque no ha dejado de hacerlo, en su canal y sus redes es cada vez más común ver a su familia, sus viajes y su día a día.

Cuadro 4.5 *Influencers* de *parenting*

Influencers nacionales	Verdeliss, Familia Carameluchi, Laloylila, Malas madres, Fátima Cantó, Familia Coquetes, 7 pares de katiuskas, etc.
Influencers internacionales	Naomi Davis, Amber Fillerup, Jessica Shyba, etc.
Tipos de acciones:	Fotos y stories en Instagram con la familia, vídeos de YouTube, post en blogs... Cuentan experiencias y consejos, como se organizan, rutinas de la familia, evolución de los hijos, etc.

6. DECORACIÓN Y HOGAR

Si consumes YouTube habitualmente, es muy probable que en algún momento te hayas encontrado con algún vídeo titulado «house tour». Cada vez es más común ver vídeos de *influencers* de moda o *lifestyle* enseñando su casa, contando dónde han comprado los muebles y haciendo *hauls* de decoración donde enseñan sus últimas adquisiciones. Hay *influencers* que no están especializados en el tema, pero que en un momento dado comienzan a publicar más contenido de este tipo al cambiar la decoración de sus casas o cambiarse de vivienda, como la casa de los sueños de Balamoda.

Sylvia Salas es un ejemplo de *influencer* que durante un momento determinado centro todos sus perfiles de redes sociales en contenidos de *do it yourself* (DIY) y decoración. Aunque ahora su perfil de Instagram está más centrado en moda, belleza o *healthy lifestyle*; su canal de YouTube (Dare to DIY) , habla de tendencias de interiorismo y hace cambios de decoración de estancias, tanto de su casa como de casas de amigos. Casi todo lo hace ella y enseña a sus seguidores a utilizar materiales que tengan en casa para restaurar muebles y cambiar la decoración. También ha colaborado con marcas como Leroy Merlin o Black & Decker.

Al igual que en el área de salud, muchos de los líderes de opinión en esta categoría son diseñadores de interiores, decoradores o arquitectos.

Cuadro 4.6 *Influencers* **de decoración**

Influencers nacionales	Patricia Urquiola, Miriam Alía, Sylvia Salas (Dare to DIY), Inés Torres (bohodeco) Esther (estoreta), Estela Maca, Isabel López-Quesada, etc.
Influencers internacionales	Tone Kroken, Michelle Halford (The desing chaser), Rita Konig, Niki Brantmark (my Scandinavian home), Hermione Chantal, etc.
Tipos de acciones:	En Instagram lo más común suelen ser las fotos artísticas de distintos elementos decorativos o espacios de una casa, así como *stories* que muestran distintos productos. YouTube tiene una gran relevancia gracias a los vídeos de *hauls* de decoración, DIY de reutilización de materiales o *tours* de las distintas estancias de la casa.

7. GAMERS

Es cierto que solemos hablar de las *influencers* en femenino o tendemos a pensar en mujeres, moda o maquillaje cuando nos viene esa palabra a la mente. También hay presencia masculina en cada una de las categorías. Sin embargo, la categoría masculina con más *influencers* —y seguidores— es la de los denominados *gamers*.

Estos *influencers* mueven millones de seguidores, sobre todo en Youtube y Twitch, donde los *gamers* desarrollan la mayoría del contenido, basado en jugar partidas de videojuegos, grabarlas y comentarlas. El *influencer marketing* en el mundo *gamer* tiene mucho potencial económico, ya que hay gran cantidad de patrocinios y colaboraciones entre marcas e *influencers*. El nicho de mercado de este tipo de marcas y de los *influencers* es mucho mayor, por el amplio rango de edades. En la categoría de *gamers* encontramos chicos que inician su andadura como *influencers* desde muy pequeños.

Ruben Doblas (ElRubius) es probablemente el *youtuber* español con más suscriptores y el tercero de habla hispana. Actualmente, cuenta con más de treinta millones de seguidores. En su canal, podemos ver videoblogs o *challenges*, pero su contenido principal se basa en jugar partidas de videojuegos y comentarlas. El famoso *gamer* fue la imagen de la marca Fanta en 2017. El *gamer* Samuel de Luque (Vegeta777), también con millones de suscriptores en su canal de YouTube, dedica todo su contenido a jugar a videojuegos y a comentarlos.

Aunque esta categoría es mayoritariamente masculina, eso no significa que no haya mujeres *gamers*. Sara Piñeiro, conocida como Sarinha, tiene casi tres millones de seguidores en su canal de YouTube. En una entrevista en *La voz de Galicia*, cuenta cómo dejó su trabajo de administrativa para dedicarse por completo al mundo *gamer*.

Cuadro 4.7 *Influencer gamers*

Influencers nacionales	El Rubius, Willyrex, Vegeta777, Sara Piñeiro (Sarinha), Luzu, etc.
Influencers internacionales	Ninja, Kwebbelkop, Jelly, Pewdiepie, LDShadowLady, Bateson87, etc.
Tipos de acciones:	Aunque suben fotos a Instagram y algunas *stories*, su contenido principal se centra en YouTube, donde cuelgan vídeos de sus partidas de videojuegos.

8. *LIFESTYLE*

Es una categoría que se ha ido creando de la unión de otras por parte de *influencers* que se iniciaron segmentando su contenido hacia una única temática. Sin embargo, con el paso del tiempo, el aumento de sus seguidores y, por tanto, la demanda de nuevos contenidos en sus canales de comunicación, desembocan en la ampliación de sus contenidos y terminan publicando casi sobre cualquier tema que se les ponga delante.

Dentro del *lifestyle* no hay una ruta concreta. Se podría decir que es tan simple como la narración diaria de la vida de los *influencers*: sus rutinas,

Lista Forbes Los mejores *influencers* de España 2019.

viajes, comidas, hábitos deportivos, tendencias de maquillaje, sitios que visitan, libros que leen, películas que ven... Así, comparten contenido que genera curiosidad entre sus seguidores, quienes están interesados en seguir el día a día de sus líderes de opinión favoritos.

Muchos de los *influencers* señalados en la categoría moda podrían ser clasificados como *lifestyle* también, el caso de Belén Canalejo es un buen ejemplo de diversificación de contenidos. Otros perfiles que podemos destacar es el de Gotzon Mantuliz, que presenta un estilo de vida fuertemente asociado a la naturaleza, los animales, el deporte y los viajes, que también realiza colaboraciones con marcas de moda y el de la emprendedora Lucía Be, con su cuenta personal @mrsluciabe.

> **!** Aunque aquí se detallan seis tipologías por temática, es importante destacar que, a medida que aumenta el número de *influencers* y los contenidos especializados —en Instagram y YouTube—, se pueden añadir otras categorías, como comedia, música, viajes, mascotas, tecnología o automoción.

CAPÍTULO 5

CÓMO HACER UN PLAN DE *INFLUENCER MARKETING*

En este capítulo, veremos cómo desarrollar un plan de *influencer marketing* paso a paso. Como verás, se plantea una guía en diez pasos que te llevarán desde el conocimiento de tu marca, sus valores y esencia hasta la medición final de los resultados de tu campaña con KPI. El éxito de tu campaña dependerá de cómo recorras este camino. Dividiremos el plan en dos subcapítulos: preparación y ejecución. Dentro de cada parte podrás encontrar los pasos que debes seguir para realizar la campaña con éxito.

PRIMERA FASE: PREPARACIÓN

PASO 1. PARA, MIRA, PIENSA Y ESCUCHA. ENTIENDE TU MARCA Y EL ENTORNO QUE LA RODEA

Para realizar un plan de marketing con *influencers*, es fundamental que te tomes un tiempo para reflexionar sobre tu marca. Con frecuencia, reducimos una campaña con *influencer* a la selección de líderes de opinión y del diseño de las acciones. Pero, para acertar con estos pasos, es necesario comenzar por el principio.

Antes de establecer las bases de la estrategia de *influencer marketing*, piensa si podrías proclamarte como una marca que entiende al consumidor. ¿Cómo evaluar esa meta? La herramienta de medición es elemental; el famoso *engagement*. Sencillamente, comprueba si tu marca se rige bajo las tres «normas» siguientes:

• La preocupación por crear una relación con el consumidor.

• La escucha y monitorización de sus conversaciones para saber qué necesitan.

• El deseo de ayudar a tu consumidor durante todo el proceso de compra.

Piensa en qué quieres ser, qué quieres transmitir y qué imagen quieres que se genere en la mente del consumidor cuando piense en tu marca. Para eso, es imprescindible que localices a la competencia y la analices al detalle; que te fijes en sus conversaciones, con quién dialoga, dónde lo hace y qué mensaje transmite; con qué *influencers* colabora, etc. De esta manera, conocida la competencia, puedes buscar dentro de tu marca una esencia única, un valor diferencial que resalte y que haga que el consumidor conecte contigo.

Si ya tienes definido tu elemento diferenciador, céntrate en pensar a quién quieres hacer llegar tu mensaje, es decir, en tu público objetivo. Determina qué extensión quieres que tenga tu campo de influencia, si quieres enfocarte en un nicho de mercado (segmentando según unas características determinadas) o si, por el contrario, vas a lanzar tu mensaje hacia un macropúblico, logrando así un impacto masivo global. Analiza si esas personas hablan de tu marca y cómo lo hacen, cómo se refieren a la competencia y a través de qué canales, a qué tipo de *influencers* siguen... e identifica a aquellos usuarios que llevan la iniciativa dentro de la conversación, donde tu marca deberá aportar un mensaje significativo.

PASO 2. DEFINE EL DÍA A DÍA DE TUS CONSUMIDORES

Ahora es el momento de poner en práctica todo lo aprendido en los dos primeros capítulos. Dedica un tiempo a realizar las siguientes tareas:

Para definir el día a día de tu comunidad y consumidores, vuelve a leer los apartados sobre cómo y cuándo conectar con los grupos generacionales y el del análisis de su *customer journey*, que define los diez momentos clave de influencia a través de cuatro pasos:

1. Comprende a tus clientes y define sus perfiles (pensando en las características de las generaciones).

2. Mapea el *customer journey* y destaca los momentos clave de influencia. Piensa también en cuales quieres influir.

3. Analiza los temas centrales de las conversaciones y los *influencers* que participan en ellas y los que podrían colaborar.

4. Trabaja la ficha *influenced* persona y realiza dos o tres perfiles de consumidores influenciados para tu marca.

De este modo, podrás detectar cómo acompañar a tus consumidores y activar las palancas de influencia en su día a día. Es esencial que conozcas bien el perfil de tus clientes para poder adaptar tus estrategias, de forma que las acciones que lleves a cabo como parte de tu plan de marketing sean más atractivas para tu público objetivo. Además, deberás detectar en qué sitios se mueve, qué plataformas sociales utiliza más y por qué, qué tipo de mensaje transmite en cada una de ellas, qué tipo de búsquedas realiza y qué preguntas se plantea, cuáles son sus intereses y motivaciones. Recuerda que debes tomar la iniciativa en las conversaciones de tu comunidad. No esperes a que te contacten o reclamen tu atención.

PASO 3. DESCRIBE TU ESENCIA Y ANALIZA TU PUNTO DE PARTIDA

Son muchos los pasos que quedan hasta llegar a rematar por completo tu plan de *influencer marketing*. Lo importante es que no te apresures en hacerlo y comiences a construir la casa por el tejado, pues sería un error. Antes nos hemos centrado en analizar el entorno, la competencia, la comunidad y los consumidores, ahora nos centraremos en tu marca y las acciones de marketing con o sin *influencers* que hayas realizado anteriormente.

Tener clara tu esencia es clave para desarrollar las campañas con *influencers*, para lo que te recomendamos que respondas a estas preguntas:

- ¿Cuál es tu *storytelling*?

- ¿Qué valores de marca quieres transmitir?

- ¿Qué valores no quieres transmitir (líneas rojas que no deseas que traspasen los *influencers*)?

- ¿Con qué productos, estilos o personas quieres que se asocie tu marca/producto?

Estas preguntas te ayudarán en la selección de *influencers* y en el diseño de las colaboraciones. Por otro lado, es bueno que crees una lista con los canales sociales y las plataformas en las que interactúas con tu público, así como las acciones realizadas con resultados positivos y negativos. Evalúa cómo han sido tus resultados recientes en esos medios: tasa de *engagement*, número de *followers*, número de interacciones (comentarios, retuits, me gusta...), contenido generado y tasas de conversión. Esto te ayudará a ver en qué puntos debes mejorar y te facilitará la tarea a la hora de establecer objetivos para centrar la campaña y escoger a tus líderes de opinión. En caso de haber realizado campañas con *influencers* anteriormente, trata de determinar la calidad de la acción, qué aportó a tu marca el *influencer*, cuáles fueron los resultados y qué impacto tuvo en tu comunidad.

PASO 4. DEFINE TU PRESUPUESTO PARA *INFLUENCER MARKETING*

Aunque muchas acciones de *influencer marketing* pueden parecer que no tienen coste, nada es gratis. Tu producto tiene un valor en el mercado y regalar productos o experiencias siempre cuesta dinero. Además, realizar una campaña de *influencer marketing* de manera profesional requiere tener un presupuesto asignado. Cada vez más *influencers* trabajan a cambio de una remuneración económica, aunque esta sea pequeña. A continuación, se explican los factores que influyen en el precio, las vías de pago y los formatos de pago.

FACTORES QUE INFLUYEN EN EL PRECIO

Número de seguidores y estatus como *celebrity*

Algo que se ha puesto muy de moda entre los *influencers* de Instagram es tratar de conseguir el *blue check* o, lo que es lo mismo, una cuenta verificada, que facilita la búsqueda de un perfil dentro de la plataforma. Esa identificación, privilegio o señal de éxito, incrementa el valor de las tarifas de los *influencers*, igual que el número de seguidores incrementa el coste de las acciones. Los precios varían mucho de *microinfluencers* a *megainfluencers* o *celebrities*.

El estatus del *influencer* también aumenta su valor, ya sea por los eventos a los que son invitados o su relación con otros *influencers* de mayor rango. El reconocimiento del *influencer* a nivel internacional también es un elemento diferencial. Con frecuencia, se habla del «factor *it*» como un intangible que muestra el estatus.

Según la revista *Harpers Bazaar* (datos obtenidos en junio del 2019), las *influencers* mejor pagadas del mundo por publicación son Alexa Chung, 4000 €; Leonie Hanne, 4400 €; Aimee Song, 6200 €; Camila Coehlo, 9500 €; Julie Sariñana, 13 000 €; y Chiara Ferragni, 17 300 €.

Existen múltiples herramientas que ofrecen estimaciones de coste de acciones con *influencers*, y una de ellas es de Influencer Marketing Hub: https://*influencer*marketinghub.com/instagram-money-calculator/ https://influencermarketinghub.com/youtube-money-calculator/

Plataforma social y tipo de contenido

Las tarifas de los *influencers* en cada plataforma social tienen unos rangos de precios que cambian con el tiempo. El precio del contenido publicado por los *influencers* depende principalmente de su tiempo estimado de vida (tiempo que el contenido va a ser visualizado en el *feed* de la audiencia); del tamaño o la duración del contenido y del tiempo de producción.

Dependiendo de la red social que tengas en mente emplear para llevar a cabo tus colaboraciones con *influencers*, tendrás que estar dispuesto a aceptar unas tarifas u otras. Los precios por colaboración más altos se encuentran en Instagram y YouTube, mientras que en Facebook y Twitter el precio es más bajo.

Poniendo como ejemplo Instagram, verás que trabajar con historias tiene una tarifa diferente a las publicaciones, aunque el medio sea el mismo. Las *stories* son casuales y rápidas de hacer, por lo que no requieren tanto esfuerzo por parte del *influencer* y son una buena opción en caso de bajos presupuestos. Sin embargo, otro tipo de publicaciones, como la elaboración de *posts*, los enlaces en la biografía o los vídeos, hacen que se encarezcan las tarifas.

Cuadro 5.1 Tipos de contenidos por plataforma

RED SOCIAL	TIPO DE CONTENIDO
Twitter	Tuit Participación en un evento tuiteando
Facebook	Foto Vídeo Concurso

RED SOCIAL	TIPO DE CONTENIDO
Instagram	Foto Vídeos cortos Vídeos para IGTV *Story* *Story* con enlace Concursos Enlace en el perfil del *influencer*
YouTube	Vídeo donde se nombra la marca junto a otras marcas Vídeo exclusivo de su marca Anuncio

Cuadro 5.2 Rangos de precios aproximados por plataforma y seguidores

RED SOCIAL	SEGUIDORES/FANS	PRECIO MEDIO
Twitter	10K 50K 500K	70-100 € 200-300 € 1500-3000 €
Facebook	10K 50K 500K	70-150 € 200-300 € 1500-3000 €
Instagram	10K 50K 500K +1M	100-300 € 300-600 € 1000-3000 € >5000 €
YouTube	50K 500K +1M	300-500 € 1000-5000 € >10 000 €

Fuente: elaboración propia basada en *influencers* de moda y *lifestyle*. Los rangos de precios son orientativos y cambian con el tiempo y según los factores que se están explicando.

Calidad del contenido

La calidad del contenido de las publicaciones se establece como una variable directamente proporcional al precio. Aquellos *influencers* que dedican más tiempo y recursos a la elaboración de los contenidos, podrán tasar sus servicios con un precio más elevado. La profesionalidad en la iluminación y la edición de los elementos gráficos, el contenido atractivo y creativo visualmente, el *storytelling* o la fotografía de gran calidad que requiere de cámaras especiales son algunos de los factores que tienes que tener en cuenta a la hora de elaborar tu presupuesto.

Engagement

Lamentablemente, en numerosas ocasiones, durante el proceso de elaboración de un plan de *influencer marketing* y la realización de acuerdos con *influencers*, las únicas métricas que se tienen en cuenta son el número de seguidores y la tasa de *engagement*. Estas métricas pueden ser manipuladas a través de la compra de seguidores e interacciones. Normalmente, cuanto más altas son las tasas de *engagement*, más aumentan el precio de las colaboraciones los *influencers*.

En el último año, numerosas marcas han preferido realizar colaboraciones con *microinfluencers* que, a pesar de tener comunidades de seguidores pequeñas, contaban con tasas de *engagement* más altas que las de los *macroinfluencers*. Es por eso que trabajar con *microinfluencers*, en algunos casos, puede significar una jugada maestra, puesto que son más propicios a generar tráfico, ventas y atención hacia tu marca, de una forma más efectiva y mucho más económica.

Sector de tu marca y nichos de consumidores

La industria es un factor relevante a la hora de distribuir los porcentajes de tu presupuesto de marketing. Si tu marca se encuentra dentro de un mercado saturado de estrategias de *influencer marketing*, habrá mucha demanda de *influencers* y, por tanto, el abanico de precios será mucho más variado, pudiendo encontrar precios muy bajos y muy altos. Sin embargo, si en tu sector no se tiene conocimiento o se hace un uso limitado de este tipo de estrategias, los *megainfluencers* y *macroinfluencers* podrán demandar precios más altos, conscientes de la nueva tendencia.

Además, algunos *influencers* tienen la habilidad de llegar a nichos de seguidores complicados de alcanzar, por lo que sus tarifas suelen ser más altas.

Valor de tu producto y otros incentivos

Existen otros tipos de acciones orgánicas que conviven perfectamente con las acciones de pago directo. Aquí entra en juego la importancia de haber seleccionado bien a tu *influencer*. Si este siente una conexión especial con tu marca, es posible que esté dispuesto a trabajar contigo de forma gratuita o con tarifas más bajas. Todo dependerá del valor económico, la viralidad o tendencia actual de tu producto, de si el *influencer* siente tu marca como familiar y, por tanto, se siente satisfecho teniéndote en su tablero o del fin lucrativo que obtenga tu marca, es decir, si eres una marca perteneciente a una organización sin ánimo de lucro, es posible que puedas recurrir al lado emocional del *influencer*.

Exclusividad y términos legales

Cuando las colaboraciones de *influencer marketing* se realizan bajo un marco legal, donde ambas partes firman un contrato, las tarifas de los *influencers* aumentan. Por ello, muchas marcas prefieren realizar las colaboraciones de manera informal, para que estas sean más rápidas y económicas. El problema de estas colaboraciones sin marco legal es que las marcas se encuentran más limitadas para exigir a los *influencers* unos requisitos y resultados determinados.

! Antes de cerrar un precio, identifica las tarifas estándar de los *influencers* que te interesan y del sector, para después poder negociar el precio de tu campaña o acciones con ellos. Sé transparente a la hora de señalar tus intereses, objetivos, presupuesto y condiciones.

ACUERDOS ECONÓMICOS Y FORMAS DE PAGO

Vías para establecer acuerdos de pago

- **Directo:** algunos *influencers* se encargan personalmente de gestionar los acuerdos económicos, pero aquellos que tienen grandes comunidades de seguidores (*macroinfluencers* y los *microinfluencers* con más audiencia) comienzan a tener sus propios representantes o agencias.

- **Agencia:** cada vez nos topamos con más agencias de *influencer marketing* que gestionan los acuerdos con marcas y sus contratos o colaboraciones. Algunas de estas agencias han sido creadas por grupos de *influencers* que dan servicio a todos. Podemos encontrar agencias que cuenten con tarifas preestablecidas o que gestionen de manera individual cada colaboración.

- **Redes multicanal:** desde Google, explican que las redes multicanal (MCN) «son proveedores de servicios externos que se asocian con varios canales de YouTube para brindarles servicios de aumento de público, programación de contenido, colaboración con otros creadores, administración de derechos digitales, monetización, ventas, entre otros». A través de estas redes, se pueden realizar colaboraciones de *influencer marketing*.

- **Plataforma de marketing de influencia:** aunque más adelante hablaremos de ellas en profundidad, estas plataformas proporcionan *softwares* específicos que concentran perfiles de *influencers*. A través de ellas, se pueden analizar los diferentes perfiles y establecer un contacto con ellos para la realización de una campaña.

Formatos de pago principales

- **Pago por publicación (PPP):** es la forma más frecuente de pago. La mayoría de los *influencers* tienen una tarifa establecida y los precios cambian dependiendo de la plataforma y el tipo de publicación.

- **Pago por campaña:** el *influencer* y la marca establecen una tarifa por toda la campaña en la que se especifican las publicaciones que realizarán. Las agencias de *influencer marketing* suelen utilizar este formato.

- **Coste por clic (CPC):** el pago depende del número de veces que se haga clic en un enlace de la marca integrado en la publicación del *influencer*.

- **Coste por adquisición (CPA):** cuando las publicaciones del *influencer* proporcionan a la marca un nuevo cliente o compra; también se aplica a las descargas de documentos, las inscripciones a *newsletters*, etc.

- **Coste por mil impresiones (CPM):** es un formato de pago que se utiliza con frecuencia para blogs o vídeos de YouTube, pero también se da en Instagram. Normalmente se aplica tanto a mil impresiones como mil visualizaciones.

- **Coste por *engagement* (CPE):** se aplica la media del *engagement* del *influencer* por el precio de la publicación, que puede ser un vídeo, una historia, una foto, etc.

- **Suscripción:** formato de pago asociado normalmente a las plataformas de *influencer marketing*. La marca paga una tarifa por suscribirse y, a cambio, se puede acceder a las soluciones y herramientas que ofrece la plataforma.

- **No monetario:** los *influencers* y las marcas pueden realizar colaboraciones a cambio de un producto, servicio, experiencia, viaje, etc. Este formato de pago se da principalmente entre *microinfluencers* y *nanoinfluencers*.

PASO 5. DEFINE OBJETIVOS Y METAS PARA TU MARCA

Para realizar una estrategia de *influencer marketing* exitosa, una de las partes más importantes de todo el proceso es definir bien los objetivos de tu campaña, tanto los globales como los específicos, y determinar si estos van a ser a corto, medio o largo plazo. Céntrate en esta tarea y no lo tomes como algo banal. El objetivo de tu campaña es el que marcará el desenlace de esta. En este punto, ya no hay margen de error, pues una mala definición de los objetivos solamente llevaría a tener que replantear la campaña y, por tanto, a perder tiempo. Piensa también que de la definición de los objetivos dependen muchas otras variables, como la selección de plataformas sociales para la campaña, los KPI y, sobre todo, la decisión de quién será el *influencer* idóneo para llevarla a cabo.

Haz memoria de aquellos conceptos básicos que aprendiste en su día y recuerda que tu meta debe cumplir con la filosofía SMART. ¿Recuerdas su significado? Es imprescindible que tus objetivos sigan las siguientes pautas:

* *Specific* | Específico: detalla al milímetro lo que se debe hacer de forma clara, simple y enfocada.

* *Measurable* | Medible: no pienses objetivos aleatorios, pues al final tendrás que demostrar que lo has conseguido y, para eso, necesitas que puedan medirse. Tienen que ser cuantificables antes, durante y después a través de KPI y, en la medida de lo posible, deben poderse medir de forma cualitativa y cuantitativa.

* *Achievable* | Alcanzable: piensa en las personas en quienes vas a delegar una tarea. La consecución de los objetivos tiene que ser apropiada al momento y los recursos, aceptada por el equipo, desafiante pero alcanzable.

* *Realistic* | Realista: no pienses en una meta imposible de alcanzar. Proponte objetivos factibles, relevantes para la marca y orientados a resultados.

* *Time Based* | Tiempos establecidos: define bien los tiempos y las entregas, cuándo se realizará cada acción y cuándo se medirán resultados.

Céntrate en señalar qué quieres conseguir con la campaña y con cada *influencer* para que tu estrategia sea efectiva y medible. Son muchos los objetivos que puedes determinar para tu plan de *influencer marketing*. A continuación, destacamos los más utilizados por las marcas:

Cuadro 5.3 Objetivos para un plan de *influencer* marketing

OBJETIVOS PARA EL PLAN DE *INFLUENCER MARKETING*

Generales	Generar conocimiento de marca y producto Mejorar la reputación o sentimiento hacia la marca Aumentar el número de *advocates* entre los consumidores Desarrollar un *storytelling* de marca Llegar a nuevas audiencias Generar leads Potenciar el *engagement* Mejorar ventas y conversiones
Específicos	Tener comunidades más activas y comprometidas Ofrecer o reforzar con tu marca unos valores determinados Lanzar un producto Mostrar los usos del producto Retención del cliente y fidelidad Incrementar el tráfico web Incrementar las páginas vistas Incrementar las descargas de archivos Incrementar el número de enlaces de referencia Incrementar el número de impresiones en redes sociales Incrementar el número de seguidores Aumentar las interacciones Aumentar las menciones Aumentar las suscripciones por correo electrónico, al blog o a las *newsletters* Mejorar las conversiones Desarrollar tutoriales Realizar contenido de inspiración Reunir más apariciones en prensa Rentabilizar promociones y códigos de descuento

Sé consciente de que no todos los *influencers* pueden hacer lo que tú quieres. Por eso, definir bien los objetivos antes de empezar te ayudará a determinar en qué líder de opinión debes confiar para llevar a cabo tu campaña y en qué medio puedes confiar para tener éxito.

PASO 6. SELECCIONA A TUS *INFLUENCERS* O *INFLUENTIALS*

Por fin, llega el momento que seguramente estabas esperando. Y es que, normalmente, cuando nos ponemos en marcha para desarrollar un plan de *influencer marketing*, lo primero en lo que pensamos es en qué tipo de *influencer* voy a poner mi confianza —y mi presupuesto— para salir victorioso a la hora de conseguir cumplir con los objetivos de mi campaña.

Para ello, debes descubrir a tus *influencers* perfectos, según la esencia de tu marca y presupuestos. Acuérdate de lo explicado en el capítulo anterior en relación con los tipos de *influencers* y las variables que los definen desde el punto de vista cualitativo y cuantitativo. Lo más recomendable es que analices y pienses en los siguientes elementos:

Relevancia y pertinencia

Piensa en la relevancia de los *influencers* en tu industria y de cara al público que quieres alcanzar. ¿Qué *influencers* aparecen cuando buscas noticias relacionadas con las palabras clave de tu producto? La relevancia y pertinencia tienen que ver con la afinidad del *influencer* a tu marca y contexto, con cómo se alinea con tu marca y valores (o con los valores que quieres alcanzar). Del mismo modo, es interesante pensar qué será más relevante cuando realices una colaboración con un determinado *influencer*, ¿tu marca o el *influencer* en sí? ¿Sobre qué se hablará en las redes, sobre el *influencer* o sobre tu producto?

Tu *influencer*, como todas las personas, tiene un estilo propio y una esencia que lo hace único, y eso no podrás cambiarlo por muy caprichoso que te pongas. Por ello, cuando escojas, debes sentir que la identidad de tu marca encaja perfectamente con la esencia del *influencer*.

Resonancia

Analiza cómo es el compromiso de la audiencia de tu influencer, qué interacciones genera y la calidad de la conexión con sus seguidores.

Engagement

Analiza las tasas de *engagement* de los *influencers* con los que tienes pensado colaborar. Para ello, no debes fiarte solo de los datos que te proporcionen, sino que puedes —y debes— acudir a otras herramientas de *influencer marketing* que te facilitarán el trabajo o realizar tus pequeños cálculos de *engagement*. Hay muchas formas de calcular el *engagement*, aquí te proponemos una sencilla:

Cálculo de la tasa de *engagement*

Engagement del post: (número de interacciones en el post/número de impresiones) x 100

Engagement del perfil: (media de interacciones de las últimas quince publicaciones/número de seguidores) x 100

Plataforma

Como hemos visto, cada plataforma tiene sus propios *influencers* y tarifas de colaboración. Por tanto, debes contactar con un *influencer* cuya actividad principal se desarrolle dentro de la red social que has escogido. Ten en cuenta que, si seleccionas a un líder de opinión sin pensar en la plataforma en la que se siente cómodo o en la que mejores resultados alcanza, podrás no obtener los resultados que deseas.

Audiencia

En los pasos dos y tres del plan de *influencer marketing*, nos dedicamos a conocer mejor a nuestros consumidores y a nuestra audiencia, ubicándolos dentro de un entorno sociodemográfico. Recopila esos datos y céntrate en que la audiencia del *influencer* que buscas coincida lo máximo posible con tu público objetivo en datos de nacionalidad, lugar de residencia, edad, sexo, etc. Si el objetivo de tu campaña es llegar a un nuevo nicho de consumidores, entonces analiza que la audiencia del *influencer* sea aquella que quieres alcanzar.

Contenido publicitario

Cuidado con las cuentas de *influencer* saturadas de contenido publicitario. Si realizas una colaboración a corto plazo, tu marca será solo una gota en un océano de marcas patrocinadas cada día y cada semana. La relevancia de tu producto en su comunidad de seguidores puede ser muy limitada. Te recomendamos que colabores con *influencers* que tengan una gran cantidad de contenido orgánico (entre un 5 % y un 10 % de contenido patrocinado y entre un 90 % y un 95 % de contenido orgánico).

El *Earned Media Value* o *Media Impact Value*

El *Earned Media Value* es el contenido mediático que ha producido la campaña o la *influencer*. Actualmente se está aplicando a las *influencers*, es decir, a su capacidad de generar apariciones en medios *online* y *offline* y fomentar las recomendaciones, la participación y las interacciones. Pero este contenido ganado en ocasiones es difícil de medir. Debido a esta complejidad, la empresa de marketing Launchmetrics ha desarrollado el concepto y algoritmo *Media Impact Value*, que te permite calcular con más precisión el valor monetario de las estrategias en medios impresos u *online* y en redes sociales, así como el impacto de las *influencers*. No te olvides de estos conceptos a la hora de elegir tus *influencers*.

Expectativas de crecimiento

Busca *influencers* que estén en continuo desarrollo al alza, pues, como veremos más tarde, queremos conseguir una relación larga y duradera que nos ayude a llegar más lejos.

Atención. Entiende que los *influencers* son personas y, como tal, buscan relacionarse con otras personas y marcas que sienten cercanas. Para ellos, su audiencia es lo más importante. La conocen como nadie y quieren ofrecer un contenido que vaya acorde con ellos. Por eso, tienes que ganártelos. No vale con contactarles, ofrecerles tus condiciones y nada más, sino que el proceso es mucho más complejo. Interactúa con ellos como quieras, ya sea mediante regalos, premios, por correo electrónico, por redes o invitaciones a eventos. Pero, como parte fundamental, hazles saber que tienes algo que ofrecer a su audiencia.

Es crucial que conozcas de primera mano quién es tu *influencer*. Al igual que tu audiencia, espera sentirse escuchado y formar parte de un diálogo y una conversación acerca de temas que le interesan. De la misma forma que en una relación de amistad, la manera de que un *influencer* confíe en ti es que le demuestres que pones sus necesidades por delante de las tuyas. Por eso, intenta participar en las conversaciones como una persona y no como una institución o marca. Eso te ayudará a que la conexión sea real y a que los *influencers* se den cuenta de la existencia y del valor de tu marca. En el informe *La guía de marketing para dominar la participación de personas influyentes* de Traackr's, proponen cuatro consejos para conseguir encauzar una relación de éxito con *influencers*: Empápate de los temas y contenidos que comparten y crean en medios sociales.

1. Si tienen negocios aparte, familiarízate también con ellos y sus estrategias.

2. Haz comentarios sobre sus publicaciones en blogs o redes sociales.

3. Si es posible, participa de manera natural y sin importunar en las conversaciones que tengan más allá de temas comerciales.

4. Finalmente, cuando ya hayas encontrado intereses en común, no dudes en ponerte en contacto e iniciar una conversación y, si es posible, concertar una reunión informal, preferiblemente presencial.

> **!** Muchas veces nos olvidamos de que, como marca, es muy probable que tengamos *haters* o gente que hable mal de ti, ya sea por algún problema que hayan tenido con el servicio, con el producto, con la atención... Aunque no lo parezca, esas personas pueden convertirse en verdaderos *influencers* si lo hacen bien. Ten en cuenta que son personas que ya hablan de ti, que hablan de tu competencia y que te dan pistas sobre cómo mejorar. Si consigues cambiar aquello que les molesta y hacer que se unan a ti, su colaboración e influencia será mucho más realista que aquella que proviene de tus fans.

SEGUNDA FASE: EJECUCIÓN

PASO 7. DISEÑA TU CAMPAÑA

Debes definir bien el proceso antes de comenzar si lo que quieres es tener éxito. Hacer una lista con cada uno de los elementos de la campaña te ayudará a tenerlos presentes en todo momento, a aligerar todos los trámites y, sobre todo, a que los *influencers* sepan en todo momento qué esperas de su colaboración para evitar malentendidos.

DEFINE TU ESTRATEGIA CREATIVA

¿Cuál es el *storytelling* de tu marca o de la campaña? Los *influencers* tienen que tener claro en qué marco se encuentran y dónde deben desarrollar sus publicaciones. Piensa si las colaboraciones forman parte de una campaña de marketing y comunicación global de la empresa o si puedes realizar algo nuevo y creativo. Además, reflexiona y decide si vas a apoyarte en las ideas de los *influencers*, si les vas a dar total libertad o si tienen que cumplir unas directrices claras. En el último caso, es recomendable que pongas por escrito esas directrices para el *influencer*, de manera que quede claro qué pueden y qué no pueden hacer. La estrategia creativa debe abarcar el *look & feel* de la marca o campaña, tanto en las imágenes como en el contenido escrito. Como hemos mencionado, si quieres que sigan unas pautas determinadas para mantener una coherencia con otras acciones, debes señalarlo explícitamente en el acuerdo de colaboración.

SELECCIONA Y DEFINE LAS ACCIONES

A continuación, definimos algunas acciones que se pueden llevar a cabo con *influencers* con respecto a los objetivos. Recuerda que las acciones no son limitadas y que la imaginación tiene mucho poder en este campo, así que, si se te ocurre otra cosa, no dudes en llevarla a cabo, siempre que tenga coherencia con tu contenido y tu esencia.

Mención en publicación

Se lleva a cabo en las redes sociales del propio *influencer*. Normalmente, la acción se inicia con un regalo de la marca hacia el *influencer*, un producto que pueda interesar tanto al líder de opinión como a su audiencia, y este lo publica como parte de su contenido mencionando a la marca. Con frecuencia, aunque el producto sea mostrado como un regalo, la marca ha pagado al *influencer* para realizar esta acción. Es una buena colaboración si lo que te propones es generar conciencia sobre un nuevo producto o uno ya existente al que quieras darle más notoriedad, si quieres mejorar tu posicionamiento o relacionar la marca con nuevos valores y estilos que represente el *influencer*. Esta acción también sirve para aumentar tu comunidad de seguidores. En caso de que el objetivo de la acción sea generar tráfico hacia tu web o aumentar las ventas de un producto, el *influencer* deberá proporcionar el enlace o la referencia del producto. En Instagram, estas acciones se han incrementado gracias a las *stories*.

Post en blog de influencia

Aunque cada vez hay menos *influencers* que se dedican a complementar su actividad en redes con blogs o videoblogs, algunos aún siguen haciéndolo porque su contenido es muy relevante para las audiencias. La publicación de un *post* en donde se habla de tu producto, ya sea en un artículo, un *haul*, una entrada o un resumen de la experiencia con el producto, puede ser muy valiosa si tu objetivo es generar conciencia sobre un producto, lanzar uno nuevo, mejorar el posicionamiento online (SEO) o enseñar a usar un producto.

Códigos de descuento

Consiste en ofrecer códigos de descuento y promociones a través de los *influencers*, es decir, que estos utilicen sus redes como altavoz de promociones que la marca lanza para sus consumidores o para alcanzar un nuevo *target*. Esto puede ayudarnos notablemente a conseguir más flujo de visitas a la web, aumentar la venta de los productos en promoción o ampliar la comunidad en redes. Para estas colaboraciones, se suele proporcionar a cada *influencer* un código de descuento exclusivo o enlaces de seguimiento, de forma que se pueda determinar el número de ventas conseguidas por cada uno.

Sorteo

Es una manera efectiva de involucrar a tu comunidad y la del *influencer* aumentando las interacciones en tu plataforma y el número de seguidores. Es fundamental que, como requisito principal para participar en el sorteo, pidas que sigan a la cuenta de la marca y al *influencer*. Así, conseguirás incrementar tus seguidores. Además, puedes aumentar el atractivo y la notoriedad de tu marca haciendo que el público objetivo tenga que comentar una publicación, mencionar a amigos o subir una historia a Instagram.

Vídeo o publicación «*How to...*»

Este tipo de acción consiste en la publicación de un vídeo en YouTube, un videoblog, un blog escrito o *stories* de Instagram. Los vídeos «How to...» son muy útiles para entretener a la audiencia, pues les dan consejos sobre el producto a la vez que promocionan su lanzamiento o instruyen sobre su uso.

Blogtrip

Se trata de viajes patrocinados por la marca, que posteriormente tendrán mucha repercusión en redes sociales debido a las publicaciones, sobre todo en formato *stories*, que se generan tras estas acciones. Suelen ser un recurso típico de agencias de viaje, hoteles, marcas de automoción, oficinas de turismo o empresas de transporte. Buscan fomentar su notoriedad sirviéndose del viaje o las vacaciones del *influencer*. Además, mejoran el posicionamiento *online* y ofrecen un motivo para entretener a la audiencia con el contenido generado.

Eventos

Este formato implica la creación de una experiencia que los *influencers* quieran publicar entre su contenido de manera mucho más natural. En esos eventos, la marca es el centro de atención y aporta grandes beneficios en cuanto a *branding* y *branded content*.

Entrevista

Se centra en aportar valor a tu audiencia mediante la exposición de un *influencer* y a través de una conversación en la cual tiene cierta presencia tu marca. Explicar el día a día del *influencer*, por ejemplo, en el cual hay un espacio para tu producto, aporta naturalidad al contenido y hace que el público conecte de forma más profunda. Este formato es muy útil para mejorar el posicionamiento web. Además, es una forma de entretener a tu público, generar tráfico hacia tu web y concienciar sobre tu producto.

Pódcast

El uso de pódcast ha incrementado su popularidad en los últimos años. A través de ellos, *influencers* y profesionales de muy diversos ámbitos comparten conversaciones, charlas o clases sobre múltiples contenidos. Con frecuencia, se crean colecciones de episodios temáticos o de un mismo *influencer*. La mayoría de los pódcast son gratuitos y se pueden encontrar disponibles en múltiples plataformas especializadas o en otras más convencionales como iTunes, Spotify, SoundCloud, etc. Las empresas no deben centrar los temas de los pódcast en hablar sobre ellas mismas, sino en aportar contenidos de valor para su audiencia.

DEFINE EL CONTENIDO

Una vez determinados los objetivos de la campaña y la estrategia creativa y habiendo decidido el tipo de acciones que se van a realizar, es necesario definir el contenido. Este tiene que estar planificado tanto de manera general como de forma particular, es decir, decidiendo qué contenidos compartirá la marca en sus redes sociales y cuáles compartirá cada *influencer*. Es esencial que cada *influencer* tenga contenidos únicos y personalizados. De este modo, se sentirán más involucrados en la campaña y la acción será atractiva para su comunidad de seguidores.

Hay que tener en cuenta que, si la campaña forma parte de un plan global diseñado por la marca para transmitir un mensaje y, por tanto, el *influencer* solo es parte de ella, el contenido creativo estará más limitado por una serie de directrices. En cambio, si la campaña se construye directamente sobre la figura de los *influencers*, ellos se sentirán más libres y cómodos a la hora de plantear sus propuestas. Deja que tu *influencer* tenga cierta libertad creativa a la hora de publicar el contenido. Aunque es necesario que sea coherente con la estética de la marca, también tiene que estar en consonancia con el estilo de publicaciones que prefiere su audiencia. Ten en cuenta que, si estableces unas directrices artísticas y creativas muy estrictas, el contenido podría quedar poco natural. Recuerda: lo que queremos es compenetrarnos con el *influencer* para calar en su audiencia.

ESTABLECE PLATAFORMAS PARA DESARROLLAR TUS ACCIONES Y EL CONTENIDO

El uso de las plataformas y su elección, como mencionamos antes, también vendrá determinado por los objetivos que tengamos marcados para la campaña. Hay que destacar que Instagram y YouTube son las plataformas más utilizadas para el *influencer marketing*. A continuación, destacamos algunas de ellas.

Instagram

Actualmente, Instagram es la plataforma donde se realizan más acciones de *influencer marketing* y donde podremos encontrar un mayor volumen de *influencers*. Como vimos anteriormente, es una red social óptima para conectar con el público *millennial* y la generación Z. Su contenido visual, rápido, cuidado y espontáneo es la fórmula perfecta para conectar con los consumidores. Tanto sus posibilidades creativas como las aplicaciones comerciales, con los botones de compra y el proceso de *checkout*, facilitan a las marcas un gran canal de comunicación y venta para mejorar su notoriedad y posibilidades de alcanzar nuevos públicos. Los *influencers* utilizan los tres formatos de publicaciones de la plataforma:

- Publicaciones (fotos y vídeos): los *influencers* y las marcas publican *posts* muy cuidados en sus perfiles. La mayoría de las fotos presentan varias etiquetas de marcas o botones de compra.

- *Stories,* directos y destacados: se utilizan para fotos y fragmentos de vídeo más casuales, frescos y, con frecuencia, en primera persona. A través de las *stories,* los *influencers* tienen una relación mucho más fluida con su comunidad y pueden relatar su día a día. Actualmente, este formato está teniendo mucho éxito entre los *millennials* y la generación Z, puesto que las historias permiten enlazar el contenido de fichas de producto y webs que son muy útiles para generar tráfico. El problema está en que son las publicaciones que menos duran y los usuarios están acostumbrados a verlas de manera muy rápida, por lo que se concentran un gran número de *stories* de múltiples *influencers,* marcas, publicidad y amigos. Para hacerlas más duraderas, también se trabaja con destacados. Acordar el uso de destacados con el nombre de la marca en los perfiles de los *influencers* da muy buenos resultados.

- IGTV: son vídeos cortos que permiten la interacción con el público en directo. Este tipo de publicación es muy interesante para la realización de entrevistas y tutoriales con *influencers.*

YouTube

Es otra de las grandes plataformas de *influencer marketing* que nos permite compartir contenido de mayor duración y donde, desde hace años, encontramos a los *youtubers.* Esta plataforma la utilizan mucho las marcas de cosmética y belleza para la realización de tutoriales o vídeos «how to...», pero también es clave en áreas como moda, *gamers,* viajes o humor. En esta plataforma, los *influencers* también cuentan con grandes comunidades de seguidores y suelen constituir un público fiel al *influencer,* por lo que esperan semanalmente los vídeos que cuelga en la red. Uno de los puntos fuertes del contenido de YouTube es que mejora el conocimiento del producto y el posicionamiento online de la marca. Dentro de la plataforma, el buscador permite encontrar todo tipo de contenido de una forma fácil y rápida.

Facebook

Las acciones de *influencer* marketing en esta plataforma son menores que en las dos anteriores, aunque muchos *influencers* la utilizan para compartir contenidos más ampliados, ya publicados en otras redes sociales. Sin embargo, Facebook permite llegar a un público más amplio, a los *millennials* adultos y la generación X, y publicar un post etiquetando perfiles de marca, enlaces y *hashtags*; muchas marcas se apoyan en esta plataforma para realizar concursos y ofrecer promociones.

Twitter

Es una red social propicia para compartir información empresarial y eventos. En Twitter se generan grandes conversaciones activas, donde los usuarios participan con las marcas y entre ellos, comentando fiestas, conferencias, entrevista, etc. La utilización de Twitter con *influencers* es eficaz cuando el *influencer* ayuda a generar conversación y participa en esta o cuando la conversación gira en torno a un *influencer* que participa en un evento.

Pinterest

Esta red social es un universo de inspiración para los consumidores. Su estética visual ayuda a los *influencers* a mostrar su concepto creativo, lo que los inspira y cuáles son sus gustos en decoración, gastronomía y viajes. Son *moodboards* que permanecen en el tiempo y sirven de inspiración. Pinterest, además, es una red social que ayuda a mejorar el posicionamiento digital. Los consumidores pueden encontrar al usuario deseado en sus búsquedas *online*, tanto en los paneles de marca como en los de los *influencer*, cuando quieren buscar sugerencias. Esta plataforma es muy efectiva para áreas como la decoración y la gastronomía.

	INSTAGRAM	**YOUTUBE**	**FACEBOOK**
Rol de la plataforma	Contacto con amigos, marcas e *influencers*, inspiración visual y entretenimiento	Conocimiento y entretenimiento	Centro de relaciones con el consumidor e instituciones-marcas
Consumo de información y difusión	El *feed* de Instagram es de los más vistos en dispositivos móviles, pues es el más atractivo visualmente. La utilizan los *millennials* y generación Z.	Consumo de información desde móvil y ordenador: la generación X dedica una hora al mes y a contenido fragmentado, mientras que los *millennials* y la generación Z destinan cuatro horas al mes y se implican en los distintos canales.	*Feed* más consumido en ordenador y por la generación X.
Estructura de contenido y duración	Publicaciones con vida útil más corta, enlaces limitados (salvo en *stories*). Múltiples posibilidades para compartir contenido.	Publicaciones con vida útil muy larga, en ocasiones, casi indefinida, cuando el tema del vídeo siempre aporta un valor.	Múltiples tipos de publicaciones, cuyo promedio de vida de útil es de veinticuatro horas.
Motor de búsqueda	Perfiles indexados, pero no el contenido.	Perfiles y contenido indexado; todo está optimizado para el índice de búsqueda de Google.	Solo indexa los perfiles y las páginas de instituciones o marcas.
Fortaleza de la relación social	Se siguen amigos, *influencers*, *celebrities* y marcas	*Bloggers* y *youtubers*, comunidad de seguidores fiel.	Refleja relaciones del mundo real que siguen amigos y conocidos.

125

	INSTAGRAM	YOUTUBE	FACEBOOK
Optimizado para Influencers	*Macro/mega/ microinfluencers*	*Macroinfluencers*	*Microinfluencers*
Objetivos específicos de influencer marketing	Lanzamientos de productos, conocimiento de la marca y ventas, además de generar *leads*, llegar a nuevas audiencias, aumentar el *engagement* o mejorar el sentimiento.	Lanzamiento de producto para mostrar sus usos, mejorar el sentimiento de marca y mejorar nuestro posicionamiento digital.	Promociones y ventas, fidelidad de clientes, *leads*, concursos, tráfico a web, etc.
Métricas	Seguidores, me gusta, comentarios, visualizaciones, compartidos, menciones, etc.	Suscriptores, visualizaciones, comentarios, tiempo de visualización, fuentes de tráfico, ubicación reproducción, compartición, etc.	Fans, me gusta, comentarios, publicaciones compartidas, valoraciones de sentimientos, alcance, etc.

	TWITTER	PINTEREST
Rol de la plataforma	Saber y comentar la actualidad	Inspiración visual
Consumo de información y difusión	Se utiliza principalmente en eventos en directo.	*Feed* consumidor en ordenador y móvil. Público principalmente femenino y *millennial*.
Estructura de contenido y duración	Corta duración e impacto fuera de los eventos.	La vida útil de los contenidos puede ser indefinida, pues los *moodboards* pretenden durar en el tiempo como inspiración.

	TWITTER	PINTEREST
Motor de búsqueda	Perfil y contenido indexado por motores de búsqueda, Google.	Perfiles, tableros y contenido indexado y optimizado para un motor de búsqueda, como Google.
Fortaleza de la relación social	El usuario conoce al 20 % o menos de sus seguidores.	Se siguen cuentas de inspiración, marcas e *influencers*.
Optimizado para *Influencers*	*Macro/megainfluencers*	*Macro/megainfluencers*
Objetivos específicos de *influencer marketing*	Conocimiento de la marca y producto, así como promociones.	Posicionamiento de marca, inspiración y ventas.
Métricas	Seguidores, menciones, RT, etc.	Impresiones, Pines guardados y clics

Fuente: elaboración propia

DEFINE UN *TIMING*

Es muy importante que definas muy bien las fechas de entrega, eligiendo como fecha final el lanzamiento de un producto, un evento o un *blogtrip*. Los *influencers* son personas ocupadas, trabajan para muchas otras marcas y tienen más obligaciones. Por eso, es importante tener en cuenta su calendario de trabajo antes de fijar fechas de publicación de contenido. De esta forma, sentirán que les tienes en consideración y podrán dedicar el tiempo requerido al contenido de tu estrategia.

Por tanto, define una fecha límite, así como fechas de entregas a lo largo del proceso; de esa forma, también tú irás revisando el contenido antes de su publicación. Además, es recomendable que establezcas varias fechas de revisión entre el inicio y el final de la estrategia de *influencer marketing*.

ACUERDO Y MARCO LEGAL

El contrato o acuerdo que se firme con los *influencers* tendrá que incluir todos los términos de la colaboración: alcance del trabajo, objetivos, entregas, plazos y proceso de aprobación de contenidos. Es imprescindible que las obligaciones de ambas partes durante la campaña queden muy claras. Por otro lado, el acuerdo tiene que definir los derechos de uso de todos los contenidos, tanto los producidos por el *influencer* como los realizados por la marca en los que aparece el *influencer*, así como durante cuánto tiempo se puede utilizar el contenido y dónde.

Otra cláusula crucial en el acuerdo son los términos de exclusividad: con qué tipo de marcas puede colaborar durante la campaña, qué tipo de restricciones existen de cara al uso de productos de la competencia, con qué competidores directos no puede trabajar... Como explicamos en el apartado sobre el presupuesto, cuantas más restricciones establezcamos en las colaboraciones de cara al uso de productos de la competencia, más alta será la tarifa del *influencer*.

Finalmente, deben quedar establecidos los términos de pago, la tarifa acordada, cuándo se va a realizar cada pago, qué porcentaje se dará por adelantado y cuál al término de la colaboración.

Como consecuencia del incremento de las relaciones entre marcas e *influencers*, el 19 de abril de 2017, la Comisión Federal de Comercio (FTC) de Estados Unidos reguló las prácticas publicitarias de las marcas en las que aparecen *influencers, y* creo las *FTC Social Media Guidelines*, unas pautas donde advierten a las marcas que deben mostrar de forma clara su colaboración con *influencer*.

Posteriormente, el 5 de noviembre de 2019, publicaron el documento *Divulgaciones 101 para influenciadores de los medios sociales*, una guía donde se explica a los *influencers* cómo deben indicar las colaboraciones pagadas y expone que es responsabilidad de los *influencers* decir a sus seguidores las colaboraciones por las que recibe una remuneración.

En ellas se estipula que, si existen «conexiones materiales» entre el influyente y el anunciante que afectan al peso o la credibilidad que los consumidores otorgan al influyente, esa conexión debe divulgarse clara y visiblemente, salvo que quede claro en el contexto de la comunicación. La conexión material puede ser una relación comercial o familiar, un pago monetario o el obsequio de un producto gratuito. Este tipo de publicaciones deben ir con etiquetas que identifiquen la colaboración, como #ad, #sponsored, #spon o #sp.

Aunque todavía no está regulado oficialmente, es recomendable aplicar estos *hashtags* para dejar claro que la colaboración es remunerada. Este tipo de *hashtags* o etiquetas «paid partnership with» ayudan a la transparencia de las acciones de marketing de la marca, que siempre es valorada positivamente por los usuarios.

PASO 8. GUÍA Y MONITORIZA LA ACTIVIDAD DE TUS *INFLUENCERS* E *INFLUENTIALS*

Una vez definida la campaña y antes de empezar a ejecutarla, debes asegurarte de que los *influencers* conocen al detalle cada uno de los aspectos de la estrategia, para que no haya desviaciones posteriores en el plan que generen malentendidos y desavenencias tanto con el *influencer* como con la audiencia. Dentro de tu empresa, busca y define un departamento o equipo que se encargue de mantener el contacto con los *influencers*, ya sea el equipo de relaciones públicas, el equipo de marketing digital o una agencia externa. Deberán establecer detalladamente cada una de las bases en un *briefing*.

Asegúrate de que ese *briefing* es conciso y concreto y de que incluye cada uno de los aspectos necesarios para llevar a cabo con éxito la campaña. La primera parte del documento incluirá información relevante sobre tu marca, para definir bien la esencia, los valores, la personalidad y el tono de comunicación que la caracterizan, así como información sobre cada uno de los productos que vende, detallando aquellos que se quiera promocionar, si es que ese es el objetivo de la campaña.

Después, debes marcar bien los objetivos, de modo que los *influencers* los tengan claros desde un principio. No olvides que lo que está en juego es la imagen de tu marca o de tu producto. Cuando tengas bien establecidos los objetivos dentro del *briefing*, concreta los conceptos creativos y las acciones que se van a llevar a cabo a través de dichos conceptos y dentro de qué plataformas o medios. Además, señala todas las métricas y KPI que se utilizarán para medir la evolución de la campaña y finalmente analizar el ROI.

De la misma manera en que se definen las acciones, pon un límite y establece una frontera de acciones prohibidas que, en ningún caso, podrá llevar a cabo el *influencer*, pues podría perjudicar a tu imagen como marca. Como punto final del *briefing* haz un resumen de la campaña y define las condiciones de pago y los plazos para los *influencers*.

Ten en cuenta que el *briefing* no es solamente para que el *influencer* tenga claro cómo proceder, sino para que ninguna de las partes se desvíe o cambie la dirección de la campaña cuando ya esté en funcionamiento, por lo que todo debe decidirse con antelación. En caso contrario, lo mínimo que podría pasar es que se retrase la campaña y se desestabilicen los tiempos establecidos, mientras que, en el peor de los casos, se crearía una dinámica muy peligrosa tanto en tu equipo como de cara al *influencer*, lo que podría hacer que se dañe la relación y las acciones conjuntas queden perjudicadas para el futuro. Por otra parte, el *briefing* tiene que ir acompañado del acuerdo y el marco legal. A continuación, te presentamos la lista de todos los puntos que debe tener tu *briefing* de campaña para el influencer:

- Antecedentes sobre marca y productos
- Explicar concepto
- Determinar objetivos
- Explicar acciones
- Línea creativa: visual y escrita
- *Hashtags* de campaña
- Cómo se debe exponer el producto
- Señalar límites (acciones prohibidas)
- Calendario para: reuniones, entregas y acciones
- Aportar ejemplos
- Señalar KPIs y cómo calcularás el ROI
- Resumen de la campaña
- Términos de exclusividad
- Marco legal
- Condiciones de pago

En este proceso, es importante tener una sola persona de contacto entre marca-*influencer* y ser conciso y visual al explicar todo. Además, recuerda que no solo esa persona tiene que guiar y monitorizar al *influencer*, también tú como profesional tendrás que trabajar a lo largo de las semanas y el año en tus planes de *influencer marketing*. Para ello te recomendamos que diseñes tu propio flujo de trabajo. Piensa cómo vas a trabajar cada día, que tareas realizaras cada semana o quincenalmente. Te presentamos un ejemplo de flujo de trabajo de *influencer marketing* que podrá servirte de guía y ayuda:

Cuadro 5.6 Flujo de trabajo del *influencer marketing* en la marca

INFLUENCER MARKETING - FLUJO DE TRABAJO		
Diario **(10-15 minutos)**	**Semanal** **(30 minutos)**	**Mensual** **(1 hora)**
Monitorizar la aparición de menciones de la marca, la actividad de la marca y del *influencer*, las conversaciones en la comunidad de la marca y de los *influencers*.	Comprobar el informe de acciones para ver quién ha compartido su contenido, pero no se menciona la marca u organización.	Analizar el rendimiento (interacciones, impresiones, menciones...), los resultados de la actividad y el tipo de audiencia alcanzada.
Interactuar con los *influencers* y la comunidad.	Revisar los *hashtags* y el contenido de tendencias: ¿de qué o quién están hablando en tu sector?	Analizar la organización competitiva (cuota de voz y participación del compromiso).
Seguir a nuevos *influencers* que descubras a través del contenido relacionado con tu marca y tu competencia.	Pensar cómo mejorar el *engagement* e identificar qué es lo que mejor funciona.	Ejecutar búsquedas para nuevos *influencers*.
	Revisar las acciones de *influencer marketing*, los resultados obtenidos, los comentarios de los consumidores. Evaluar si todo va según lo planificado o si hay que tomar alguna pequeña decisión de cambio.	

INFLUENCER MARKETING - FLUJO DE TRABAJO	
◯ **Trimestral**	◯ **Momentos clave de la campaña**
Analizar el rendimiento (interacciones, impresiones, *engagement*, KPI, ROI).	Analizar el monitor de actividad a lo largo del día, identificando los momentos de más actividad.
Analizar tu competencia, qué tipo de acciones se están realizando, con qué *influencers* están trabajando, qué resultados obtienen, etc.	Buscar si hay nuevos *influencers* mencionando o etiquetando la marca/producto y qué puedes incorporar a tu red.
Analizar tu red de influyentes para tu marca o producto e identificar a cuáles podrías incorporar y cómo mejorar el *engagement* a lo largo del proceso de compra.	Analizar y comparar los resultados en las diferentes plataformas sociales.

*Fuente: elaboración propia a partir de Traackr's *Guide to Influencer Marketing*.

PASO 9. ANALIZA (KPI), OPTIMIZA Y MEJORA EL RETORNO DE LA INVERSIÓN (ROI)

El éxito de toda campaña radica, en última instancia, en el correcto análisis de los datos, para lo que debes realizar un seguimiento de resultados en tiempo real. Así, podrás realizar los cambios necesarios al momento, en vez de darte cuenta del error cuando ya sea demasiado tarde. Sin embargo, ¡cuidado con los cambios! No te excedas con ellos, porque el *influencer* tiene que dedicarle tiempo a cada contenido. Monitorizar el rendimiento de las acciones e iniciativas que llevas a cabo con *influencers* durante el proceso te será útil para optimizar la acción y el resultado final del retorno de la inversión.

Los KPI (*key performance indicators*) son los indicadores clave del rendimiento de una campaña que debemos analizar y que pueden ser tanto cualitativos como cuantitativos. En primer lugar, hay que tener en cuenta cómo es la comunidad de seguidores del *influencer* y la audiencia que alcanza en atención a la franja de edad de los seguidores, el sexo, la localización y el alcance geográfico. Antes de la campaña de *influencer marketing*, estos datos nos permiten saber las posibilidades de impacto que tiene el *influencer*. Después, podremos ver el impacto real de cada contenido publicado.

Los indicadores de rendimiento o medición de resultados pueden prestar atención a diferentes áreas como:

- **Cobertura de la audiencia (alcance):** a cuántas personas llegan tus contenidos.

- **Impresiones:** cuántas veces han visto tu contenido las cuentas alcanzadas.

- *Engagement:* qué interacciones están produciendo los contenidos que publicas o publica el *influencer* en relación con la comunidad de seguidores.

- **Sentimiento:** qué tipo de conversación se genera en torno a tu marca.

- **Calidad del contenido:** a través del *engagement* y los sentimientos que genera.

- **Conversiones:** las ventas generadas de forma directa o indirecta y el número de *leads* obtenidos.

Como podemos ver, existen innumerables KPI y aspectos para medir desde una perspectiva más cuantitativa las acciones realizadas. A continuación, presentamos una tabla que relaciona los objetivos de las campañas de *influencer marketing* con los KPI.

Cuadro 5.7 KPI en función de los objetivos de un plan de *influencer marketing*

*REC. (Reconocimiento de marca), CON. (Conocimiento de marca), BR. (Aumentar *Brand Advocates*), AUD. (Llegar a nuevas audiencias), LEA. (Generar *leads*), CONV. (Mejorar las conversiones por ventas).

KPI del *influencer marketing* (indicadores clave de desempeño)	Objetivos generales del *influencer marketing*					
	REC.	CON.	BR.	AUD.	LEA.	CONV.
INPUT: Métricas que ayudan a medir actividades cuantificables del plan.						
Número de *influencers* comprometidos con la marca	✓	✓	✓	✓	✓	✓
Número de *influencers* involucrados o destacados en el contenido de la marca	✓	✓	✓	✓	✓	✓
Menciones de *influencers* por la marca	✓	✓	✓	✓	✓	
Número de publicaciones de *influencers* en el blog de la marca	✓		✓		✓	✓
Número de publicaciones o contenido creado por los *influencers*	✓	✓	✓	✓	✓	✓
Número de productos y muestras enviados a *influencers*		✓	✓		✓	✓
Número de personas influyentes propuestas para embajadores de marca	✓	✓	✓			
Número de invitaciones para asistir a eventos de la marca	✓		✓	✓	✓	
Número de invitaciones para hablar (entrevista, conferencia...) en eventos de la marca		✓	✓	✓	✓	✓
OUTPUTS: Métricas para medir los resultados comerciales de las acciones.						
Número de *Influencers* colaborando con la marca	✓	✓	✓	✓		
Número de *influencers* que participan en eventos		✓	✓	✓		
Tasa de respuesta de los *influencers* a la solicitud de la marca				✓		

KPI del *influencer marketing* (indicadores clave de desempeño)	Objetivos generales del *influencer marketing*					
	REC.	CON.	BR.	AUD.	LEA.	CONV.
OUTPUTS: Métricas para medir los resultados comerciales de las acciones.						
Artículos en blogs y webs de *influencers*		✓	✓	✓	✓	✓
Menciones y etiquetas del *influencer* de los productos o la marca		✓	✓	✓	✓	✓
Promociones con *influencers* (recomendaciones de marca/producto, publicaciones positivas)	✓	✓	✓	✓	✓	✓
Tasa de *engagement* (interacciones, visualizaciones...)	✓	✓		✓	✓	
Enlaces a nuestra web desde otras webs o perfiles de *influencers*			✓	✓	✓	
Enlaces a artículos de terceros generados por *influencers*		✓	✓	✓		
Alcance potencial generado por *influencers*	✓					
Niveles de participación en la comunidad del *influencer*		✓	✓	✓		
Engagement en la comunidad del *influencer*		✓	✓	✓	✓	✓
OUTCOMES: Métricas que nos muestran los resultados relacionados con los objetivos de plan.						
Sentimiento	✓		✓			
Número de quejas	✓					
Recomendaciones de producto y calificaciones	✓		✓			
Recuento de *engagement* (reacciones, gustos, comentarios, acciones compartidas, contenido guardado, visualizaciones de vídeo)		✓	✓	✓	✓	

KPI del *influencer marketing* (indicadores clave de desempeño)	Objetivos generales del *influencer marketing*					
	REC.	CON.	BR.	AUD.	LEA.	CONV.
OUTCOMES: Métricas que nos muestran los resultados relacionados con los objetivos de plan.						
Nivel de participación		✓		✓		
Interacciones con *hashtags*	✓	✓	✓	✓		
SEO (palabras clave y resultados)		✓		✓	✓	✓
Número de seguidores o suscriptores nuevos		✓		✓		
Nuevos visitantes únicos (sitio web, páginas de destino)		✓		✓	✓	✓
Nuevos clientes potenciales (descargas, solicitudes de contactos, demos, suscripciones a *newsletters*...)				✓	✓	
Oportunidades de venta generadas (cesta iniciada)					✓	✓
Ventas generadas					✓	✓
Incorporaciones al club de fidelización						
Nuevos clientes recurrentes					✓	✓

*Fuente: adaptación del análisis de KPI's de Traackr's *Guide to Influencer marketing*.

Una vez que realizamos las acciones y analizamos los KPI, llega la hora de calcular el ROI o retorno de inversión de nuestras acciones. La fórmula básica para calcular el ROI es:

[ROI= (Beneficio – Inversión / Inversión) x 100].

Primero debemos calcular el coste de la inversión. Los costes más comunes asociados a las acciones de *influencer marketing* son:

- El tiempo de análisis y diseño de campaña, búsqueda y elección de influyentes, contacto con influyentes, gestión de relaciones...

- El personal de tu equipo de marketing dedicado al marketing de influencia.

- Los honorarios de la agencia, en caso de que el servicio esté externalizado.

- El coste del software. Existen múltiples plataformas de *influencer marketing* que te permiten automatizar la búsqueda de *influencers*, realizar informes y analizar resultados. Estas plataformas suelen tener tarifas mensuales o anuales.

- Las tarifas del *influencer* por campaña o por contenidos

- El coste de las muestras o productos enviados.

- El coste de producción del material creativo (viajes, *looks*, decoración, modelos, estilistas, maquilladores...).

- Los costes legales (desarrollo de contratos, licencias...).

- Los costes de análisis y seguimiento, es decir, las horas invertidas en analizar los resultados de las plataformas, las capturas de pantalla, los análisis de datos cualitativos...

Una vez calculados los costes, debemos tener en cuenta los canales donde vamos a medir el ROI. Algunas redes sociales permiten calcularlo de una forma más directa:

- Instagram *stories*: permiten tener *call-to-actions* directos, mediante un enlace a la página web o un código promocional.

- Vídeos en Instagram o YouTube: facilitan que, de una manera más personal, el *influencer* pueda compartir una promoción especial.

- Publicaciones en webs y blogs: este tipo de acciones son fáciles de rastrear gracias a la inserción de códigos de seguimiento.

A través de Google Analytics, las estadísticas que ofrecen las redes sociales, los CRM, las plataformas de redes sociales o el *influencer marketing* también podemos analizar los resultados de las acciones. No olvides que existen modos de analizar de forma directa el ROI, como el uso de:

• códigos promocionales únicos para cada *influencer*;

• enlaces acortados (a través de Bitly u otras herramientas);

• creación de códigos UTM

• URL únicas y personalizadas para cada influyente o páginas de aterrizaje diseñadas específicamente para el *influencer*.

Respecto a los beneficios, no solo hay que pensar cuantas ventas te han generado, piensa en el valor del tráfico a la web, el aumento de seguidores y tasas de *engagement*, los nuevos leads generados, etc. Y no te olvides del *Earned Media Value* que han producido tus colaboraciones.

ROI también tiene otra lectura Return on Influence, es decir el retorno de la influencia. *Return on Influence* es el título de un conocido libro del marquetiniano Mark Schaefer, en el que explica el retorno del poder de la influencia y ponen en valor el influencer marketing.

Pero ahora, no quiero hacer referencia a que la era de la influencia vuelve de nuevo, sino a cómo medir de una forma más eficaz el retorno de la inversión en términos de influencia, es decir, analizar la repercusión de las acciones en el valor de tu marca. Como sugiere Amy Jo Martin, CEO de Digital Royalty el retorno de inversión de un plan de *influencers marketing* no solo se puede cuantificar con métricas frías como: alcance, frecuencia, visitas a la página, impresiones, etc. También debe evaluarse con métricas cálidas como los factores virales, el análisis de sentimientos o la afinidad de la comunidad a través de la calidad de las conversaciones.

En este libro queremos dar un paso más y añadir otras métricas cálidas, con enfoque cualitativo, que hemos visto a lo largo de los primeros capítulos: el número de *advocates* o *influentials* activados, cambios en las percepciones, qué nuevos valores o conceptos se han asociado a tu marca o cuáles se han potenciado, así como el fortalecimiento o la renovación del *storytelling*. Acuérdate que el verdadero poder de influencia se obtiene cuando tu marca proporciona consejos personales y sinceros a tus consumidores y se impulsa entre ellos y la marca una relación de seguridad y confianza. Ese es el verdadero retorno de una influencia auténtica o ROI.

PASO 10. APRENDE Y MEJORA CON OPTIMISMO

Por fin, llegamos al último paso. Una vez termine la campaña con *influencers*, coge una hoja y reflexiona sobre los resultados. Después, habla con los *influencers* y comparte tus impresiones. De la misma manera, deja que ellos sean sinceros y te cuenten sus sensaciones con tu marca y tu campaña. Recuerda lo aprendido para las próximas acciones. En muchas ocasiones, aprendemos más de nuestros errores que de nuestros éxitos. Revisa aquello en lo que has acertado y en lo que podrías haber actuado de otra forma y trata de descubrir por qué.

Finalmente, actúa de forma agradecida con tus colaboradores, con tu equipo y con tus *influencers* y felicítalos por los logros obtenidos a lo largo de la campaña, informando también de las mejoras que podrían implementarse en la siguiente. Ese será el paso final de tu campaña.

Si sigues los 10 pasos al detalle, seguro que tu campaña será un éxito.

ESTRATEGIAS DE *INFLUENCER MARKETING*

Una vez expuesto cómo se realiza un plan de *influencer marketing*, vamos a detallar algunas de las estrategias más utilizadas a la hora de trabajar con *influencers*. Es bueno tener siempre en mente los objetivos y la meta que queremos alcanzar durante la campaña, y diferenciarlos de la estrategia, que será el plan de acción que hemos marcado en pos de esos objetivos. Primero vamos a identificar las diferencias entre las acciones de *influencer marketing* que se realizan de forma orgánica y aquellas que suponen un acuerdo económico con el *influencer*, después iremos explicando cada estrategia.

1. *INFLUENCER MARKETING* ORGÁNICO (OIM) O *INFLUENCER MARKETING* DE PAGO (PIM)

Existen muchos tipos de estrategias para involucrar a *influencers* en nuestras campañas de marketing y comunicación, pero la primera diferencia se centra en las estrategias basadas en acciones orgánicas o acciones pagadas. Normalmente, las marcas procuran realizar ambas estrategias, OIM (Influencer Marketing Orgánico) y PIM (Influencer Marketing de Pago), pero cada una implica una serie de elementos diversos.

Cuadro 6.1 Diferencias entre campañas con *influencers* orgánicas y de pago.

◯ *Influencer Marketing* Orgánico (OIM)	◯ *Influencer Marketing* de Pago (PIM)
• Son relaciones orgánicas y naturales, es decir, colaboraciones no pagadas. • El OIM es clave para las pymes que no tienen presupuestos para colaborar con *macro/megainfluencers*. • La marca centrará sus esfuerzos en interactuar y ganar *brand advocates, influentials,* nano-*influencers, microinfluencers*. • Requiere que un miembro del equipo esté centrado en el crecimiento y enriquecimiento de las acciones con *influencers*. • Se basa en acciones a medio-largo plazo. La marca tiene que establecer un seguimiento e interacción activa con los *influencers* que quiere atraer. • Es clave el papel de las relaciones públicas de la marca para entablar contacto personal con los *influencers*. • Se prestará especial atención a los perfiles personales-profesionales descritos en el capítulo 3. • Una vez que se establece un vínculo con un *influencer*, este puede convertirse en la puerta que abrirá nuevas conversaciones con otros *influencers*. • Los encargados del *influencer marketing* tendrán que poner mayor esfuerzo en mostrar los atractivos y beneficios de colaborar con la marca, aunque no haya una remuneración económica. • A pesar de que no haya un acuerdo económico, es necesario trabajar y poner por escrito los puntos del acuerdo.	• La marca paga al *influencer* por realizar una colaboración o campaña. • Las mejores acciones de PIM son aquellas que se han construido desde el OIM. • El PIM se suele centrar en las colaboraciones con *mid/ macroinfluencers* y *celebrities*. • Se recomienda realizar acciones a largo plazo y crear vínculos con el *influencer*. • El *influencer* debe mostrar un interés por la marca, que, a su vez, tiene que estar en línea con el *lifestyle* del *influencer* y al revés. • Aunque muchas acciones con *influencer marketing* se puedan externalizar, es clave realizar el seguimiento de las acciones o campaña, no dejar todo el poder de la negociación o diseño a la agencia. Procura tener un contacto personal con el *influencer*, para que conozca la marca a través de un trabajador. • Con frecuencia, los *influencers* trabajan de forma más profesional en colaboraciones pagadas, por lo que puede ser una buena oportunidad para trabajar a fondo el plan de *influencer marketing* poniendo especial atención en la medición de resultados.

Para trabajar el OIM, el punto de partida son los *advocates*, los defensores de marca. No todos ellos son influyentes, pero muchos pueden ser *influentials* y, en un futuro cercano, convertirse en tus *nano/microinfluencers*. Más adelante, veremos la estrategia *influential customer centric*. Además, las estrategias OIM son beneficiosas para ambas partes: la marca aporta al *influencer* y a su audiencia experiencias, contenidos y conocimientos, y el *influencer* proporciona una visibilidad «gratuita» a la marca.

Una buena estrategia OIM comienza con la interacción del contenido del *influencer*, comentando y compartiendo sus publicaciones. La marca tendrá que captar su atención, atraerle y mostrar sus elementos diferenciadores. Hay que ganarse su simpatía y credibilidad, pedirle que pruebe de manera gratuita tus productos/servicios. Suelen valorar mucho cualquier acción que aumente las interacciones en su audiencia o consolide el compromiso de la marca. Muéstrate siempre agradecido por su interés.

2. ESTRATEGIA POR DURACIÓN

Cuando se trabaja con *influencers* es importante pensar qué tipo de relaciones queremos establecer con ellos: a corto plazo o a medio-largo plazo.

CORTO PLAZO

Por lo general, se realizan acciones a corto plazo cuando únicamente buscamos promover un objetivo concreto en un momento determinado: ventas puntuales, con motivo de un evento o un concurso; búsqueda de un impacto específico para aumentar el número de seguidores, generación momentánea de *leads*, etc.

Sin embargo, las acciones a corto plazo suponen relaciones a corto plazo, es decir, nuestra relación con el *influencer* es momentánea: le escribimos para pedir que colabore con nosotros para que muestre nuestro producto/marca en una publicación, ya sea en foto o en historia; el *influencer* acepta o declina la colaboración y, si la respuesta es positiva, muestra el producto/marca y termina la colaboración. Tras la mayoría de estas acciones, no se suelen establecer términos legales y muy pocas veces se realiza un *briefing*. Esto produce que el *influencer* no ponga todo su esfuerzo y dedicación en la colaboración, en la forma de presentar el producto, en el texto que lo acompaña, en los *hashtags*, etc. Además, si la colaboración no es remunerada, la marca no suele pedir al *influencer* sus estadísticas o el perfil de la audiencia y, una vez realizada la colaboración, el *influencer* no devuelve a la marca ningún resultado de la publicación (perfil de público alcanzado, número de visualizaciones...).

MEDIO-LARGO PLAZO

Las relaciones a medio-largo plazo son las más exitosas en los planes de *influencer marketing*, pero también son aquellas que requieren más tiempo y esfuerzo por parte de la marca y un nivel de profesionalización mayor por ambas partes. Los *influencers* no buscan relaciones de una sola acción y también quieren relaciones a largo plazo para consolidar su imagen. Además, cuando un *influencer* usa un producto o servicio de forma frecuente, genera confianza en su audiencia, pues esta entiende que no se trata de una simple colaboración. Este tipo de relaciones implican aprovechar cada oportunidad de contacto con ellos y fomentar una relación duradera, por lo que mantener el vínculo con los *influencers* es una forma increíble de convertirlos en verdaderos defensores o embajadores de tu marca, pues cada vez se verán más comprometidos con el producto y comenzarán a involucrarse de forma voluntaria.

Normalmente, antes de establecer contacto directo con el *influencer*, se comienza a seguir su cuenta y se interactúa con su contenido para ir conociéndole y comprobando la posible idoneidad en la colaboración con nuestra marca.

Las relaciones a medio-largo plazo se pueden concretar en acciones puntuales o acciones de mayor duración.

Las acciones de mayor duración suelen implicar otro tipo de objetivos, como generar un conocimiento de marca estable en su comunidad de seguidores, mejorar el sentimiento de la marca, lanzar un producto, crear una base sólida de fidelidad, rentabilizar una promoción o descuento y crear *influencer content*.

Para desarrollar relaciones a largo plazo es preciso que la marca interactúe con el contenido del *influencer* y que este identifique a una sola persona de contacto en la empresa que se encargue de dicha interacción. Además, este contacto debe ser personal, tanto *online* como *offline*. Cuando las acciones con el *influencer* se dejan totalmente en manos de una agencia, el vínculo con la marca se debilita. En este sentido, debemos entender que la colaboración con un *influencer* no solo es una acción de marketing, sino que también requiere de las relaciones públicas.

Las colaboraciones a medio-largo plazo permiten que la empresa realice acciones más profesionales. Cuando estas campañas implican varios *posts* en sus redes sociales, la realización de un vídeo, un viaje o un evento y se trabaja con un *influencer* de más de 100 000 seguidores, casi siempre son campañas remuneradas que implican acuerdos económicos. Por tanto, las marcas deben realizan un *briefing* y establecer las pautas del acuerdo, como vimos en el capítulo del plan de marketing. Además, el *influencer* mostrará los resultados de la campaña y se establecerá un seguimiento. Por ejemplo, si se va a realizar un evento, las publicaciones con el *hashtag* de la campaña pueden ser antes, durante y después; también, se puede pactar la realización de un vídeo o la publicación de una noticia en el blog o la web del *influencer*.

Las acciones a largo plazo generan un mayor retorno de la inversión para tu marca que las de corto plazo, especialmente porque dedicas tiempo y esfuerzo a construir sobre una relación ya existente y no comienzas el ciclo cada vez que quieres llevar a cabo una acción. Se trata de un sistema más rentable.

En el informe «La guía de marketing para dominar la participación de personas influyentes» de Traackr's, se dan los siguientes seis consejos para conseguir una relación duradera con tus líderes de opinión:

1. Mantente pendiente de las conversaciones sociales que tienen relevancia y recuerda que la conversación va cambiando con el tiempo.

2. Escucha a tus *influencers* de forma constante.

3. Involúcrate con las personas influyentes de forma regular, no solamente cuando los necesitas.

4. Integra contenido atractivo en tus medios de marketing.

5. Haz que tus *influencers* se comprometan contigo generando un flujo de trabajo.

6. Asegúrate de que tu alcance de influencia se base en datos medibles.

Cuando impulsas relaciones a medio y largo plazo te conviertes en una marca más atractiva para los *influencers* y generas más compromiso, autenticidad, fidelidad y resultados.

3. ESTRATEGIA DE *BRAND AWARENESS*

El objetivo del *brand awareness* es el reconocimiento de tu marca: conseguir que esté en el *top of mind* del consumidor y sea recordada. Por lo tanto, estamos hablando de una estrategia que requiere un trabajo a medio-largo plazo si queremos realizar una campaña efectiva. No podemos olvidar que los *influencers*, por ejemplo, especialmente en Instagram, suben entre dos y cuatro fotografías al día y publican entre diez y veinte *stories*. Teniendo en cuenta que en muchas de las publicaciones etiquetan más de una marca, estaríamos hablando de una media de diez marcas al día y cincuenta marcas a la semana. Dependiendo de la categoría de productos en las que esté especializado el *influencer*, el volumen de marcas etiquetadas o promocionadas aumenta o disminuye. Conseguir *brand awareness* en las comunidades de *influencers* centradas en categorías como moda y belleza es más difícil que conseguirlo en viajes o salud.

Podemos analizar cuántas marcas suele etiquetar un *influencer* en su publicaciones. Si un usuario solo prestase atención al contenido de un *influencer* podría retener muchas de estas firmas, pero con frecuencia se siguen a decenas de *influencers*, es decir, el volumen de impactos donde aparecen marcas es abrumador. Por esto, si se quiere realizar una estrategia de *brand awareness* deberemos conseguir que el *influencer* colabore con cierta frecuencia con nuestra marca o firmar con él contratos temporales de exclusividad.

A medida que trabajamos con *influencers* y conseguimos buenos resultados, aumenta el conocimiento de marca con un sentimiento positivo. Para las estrategias de *brand awareness* son importantes los siguientes cinco pasos:

• Trabajar con los *influencers* con frecuencia, fomentando un sentimiento positivo hacia la marca.

• Identificar conversaciones de interés en torno a nuestra marca o categoría de producto y cuáles de estas conversaciones deberían tener mayor presencia de marca.

• Elaborar un listado de *influencers* pensando en los campos más importantes para la industria/marca: tendencias, noticias del sector, proyectos sociales, etc.

• Construir relaciones a largo plazo, nutriendo conversaciones a través de la persona encargada del *influencer marketing* de la empresa, invitándolos a eventos, involucrándolos en procesos o departamentos de la empresa.

• Trabajar con el *influencer* estrategias de contenido e involucrarle en el diseño de la campaña y en el desarrollo de los materiales que se van a publicar.

Centrar las campañas en un tema o *hashtag* es una buena forma de generar *brand awareness*, ya que se unifican los contenidos de las distintas plataformas e *influencers* con los que se trabaja.

4. ESTRATEGIA *INFLUENTIAL CUSTOMER CENTRIC*

No olvides que los principales líderes de opinión para tu marca son tus clientes actuales. ¿Has pensado en centrar tu plan de *influencer marketing* en ellos? Es muy recomendable optimizar la base de datos (CRM) y potenciar el club de fidelización, en caso de que lo tengas. Debes identificar quiénes son tus mejores clientes, es decir, aquellos que:

- Más interactúan con el contenido en redes sociales.

- Más compran: en una tienda, en la web y en ambas plataformas.

- Prestan más atención a las *newsletters*: siempre las leen y hacen clic en el contenido.

- Utilizan con mayor rapidez los códigos de descuento o las compras especiales.

- Son más activos en el club o programa de fidelización.

- Forman parte del club/programa de fidelización.

- Más uso hacen de la lista de deseos.

Seguro que has oído hablar de las estrategias *customer centric*, aquellas donde la empresa coloca en el centro de su estrategia de negocio a su cliente, con el propósito de conocerle mejor para poder atender con más acierto sus necesidades. De esta manera, todas las decisiones empresariales y las innovaciones centran su esfuerzo en el servicio al cliente; las marcas no esperan a que los problemas lleguen, sino que se plantean soluciones antes.

Amazon es una de las empresas que mejor representa esta estrategia, cómo se puede ver reflejado en su poderoso sistema de comentarios y *reviews*. Esta información no solo es de gran interés para los consumidores, que buscan opinión sobre productos y resolver sus dudas, sino que también la empresa obtiene valiosos *inputs* para mejorar sus servicios y productos.

Entonces, ¿en qué consiste estrategia *influential customer centric* (ICC)?
ICC propone que la empresa tome una actitud de escucha activa hacia los
consumidores/clientes clave —sus mejores clientes— y centre en ellos su
toma de decisiones, especialmente aquellas relacionadas con los planes
de marketing y comunicación, ya que, entre sus mejores clientes, se
encuentran los *influentials* de la marca, sus *advocates*, quienes, de forma
orgánica, natural y por iniciativa propia, hablan de la marca y prescriben
sus productos.

Realiza acciones para fomentar tu vinculación y crea para ellos comunicaciones especiales o promociones exclusivas. Cuidar de tus clientes
influentials servirá para mejorar tu *brand awareness* entre sus círculos
cercanos, donde tu marca aparecerá en múltiples conversaciones. Y,
como consecuencia, conseguirás una prescripción natural y totalmente
auténtica de tu marca o producto.

De algún modo, puedes plantearte «amazonizar» tu empresa o tu marca.

5. ESTRATEGIA DE COMUNIDAD

Las estrategias de comunidad son aquellas que tratan de activar, fortalecer y aumentar la comunidad de una marca. Estas acciones pueden
ir enfocadas tanto a comunidades *online* de seguidores como a
usuarios centralizados en bases de datos, programas de fidelización
o comunidades internas de trabajadores.

ACTIVACIÓN Y CRECIMIENTO DE COMUNIDADES *ONLINE*

Cuando hablamos de comunidad, solemos referirnos a grupos de seguidores en redes sociales que están formados por personas con las que buscamos crear nuevos vínculos y construir un sentimiento de pertenencia
para que entre ellos surjan defensores de marca.

Para ello, se necesita conocer bien a la comunidad con que contamos, cuáles son sus características sociodemográficas, sus atributos e intereses. Debemos entender lo que les motiva, enfada o preocupa y nuestros mensajes deberían ser siempre personales.

Para activar o incrementar la comunidad trabajando con *influencers*, es muy común realizar concursos o sorteos. A través de estos, se genera conversación en torno a la marca y se atraen seguidores. Los concursos y los sorteos por lo general requieren seguir la cuenta de la marca y del *influencer* que realizan el concurso; pedir al participante que escriba un comentario nombrando a otros usuarios (dos o tres) o publicar una historia sobre el concurso, escribiendo el *hashtag* de la acción y etiquetando a amigos.

De este modo, la marca se asocia a la comunidad del *influencer*, llegando a nuevas audiencias y futuros consumidores. Con el objetivo de incrementar la comunidad, las marcas también regalan productos a los *influencers*, buscando que luego los publiquen y los mencionen, tras lo cual muchos de sus seguidores, si la marca despierta un interés en ellos, deciden seguir o visitar la marca etiquetada en la publicación. A veces, el *influencer*, de forma explícita, anima a sus seguidores a seguir a una marca.

COMUNICACIÓN INTERNA

Con frecuencia, las empresas no se decantan por acciones de *influencer marketing* aplicadas a la comunicación interna. Esto se debe a que cada vez es más típico asociar a los *influencers* con «personas famosas en las redes sociales» que promocionan productos o servicios. Pero no debemos olvidar la raíz del *influencer marketing*, donde comienza todo, como vimos al principio. La influencia personal más poderosa es la influencia entre pares, la que se mueve en círculos cercanos y se realiza de manera personal a través del boca a boca. En este contexto, el éxito de una marca depende de la implicación de su comunidad de trabajadores. Cuando los empleados trabajan satisfechos y tienen sentimientos positivos, su implicación con la empresa es mayor.

Detectar a los *influentials* de tu empresa facilitará que descubras el sentir del equipo y logres saber qué les preocupa y motiva, cuáles son los temas de conversación, cómo están tanto en el ámbito profesional como personal... Un *influential* en una empresa no es un chismoso o un chivato, sino que es un empleado clave que busca el bien de los trabajadores y la empresa, que trata de unir ambas partes para el beneficio de todos. Esta figura crea vínculos de confianza y ayuda a sus colegas, quienes, a su vez, le plantean dudas o problemas que pueden surgir en el ámbito laboral. Sus relaciones se suelen extender al ámbito personal fuera del trabajo, fomentando la amistad. De esta manera, un *influential* puede generar cambios dentro de la empresa y promover sentimientos positivos hacia los equipos directivos. En consecuencia, el CEO o los directores de departamento tendrán que tratar de localizar a los *influentials* de los equipos, puesto que a través de vínculos de confianza con ellos podrán llegar a influir en el resto del equipo.

6. ESTRATEGIAS COMERCIALES

Las estrategias con fines comerciales en el *influencer marketing* pueden tener objetivos muy diferentes. A continuación, veremos algunas de las más interesantes por su uso frecuente o por las oportunidades que pueden generar para la empresa.

LANZAMIENTO DE PRODUCTOS

Apoyarse en *influencers* para lanzar un producto al mercado es una estrategia frecuentemente utilizada por las marcas. Los consumidores confían más en productos que han utilizado o promueven otros consumidores. En este sentido, cuando un *influencer* es la imagen del lanzamiento de un nuevo producto o servicio, nos podemos apoyar en el alcance de su comunidad (para llegar a macroaudiencias o nichos) y en su resonancia (confiando en su capacidad de mover a la acción a su comunidad y atraer la atención de posibles preguntas relacionadas con el nuevo producto o servicio).

Para la realización de un buen lanzamiento con *influencers* hay que tener en cuenta estos puntos que forman parte de la estrategia:

* Establecer bien los objetivos antes de la selección de *influencer*, pensar qué tipo de audiencia queremos alcanzar y quiénes están participando en conversaciones relacionadas con nuestra categoría de producto o marca.

* Pensar si vamos a centrar el lanzamiento en un único *influencer* (en este caso, es recomendable acudir a un *macroinfluencer* con una gran comunidad) o vamos a querer involucrar varios *influencers* (alcanzando comunidades que se relacionan entre sí o nichos diferentes por cada *influencer*). Aunque la selección de un *macroinfluencer* o de un *megainfluencer* puede suponer un mayor coste económico, hay que valorar el impacto que este *influencer* tiene en los medios de comunicación, pues podría conseguir que nuestro producto tuviera un mayor alcance.

* Analizar si este *influencer* ha colaborado en otro tipo de lanzamientos y cuáles fueron los resultados. Hay que ser cuidadosos y comprobar que no haya realizado un lanzamiento recientemente que pueda crear confusión o disminuir el impacto en su comunidad.

* Antes de comenzar la campaña, pactar los términos de la colaboración: tiempo, acuerdo económico, contenido, *hashtags*, etc.

* Involucrar al *influencer* en la preparación del evento de lanzamiento para que su implicación sea mayor y aumente la autenticidad de la colaboración.

* Monitorizar antes, durante y después del lanzamiento las acciones para poder evaluar posteriormente los resultados.

* Establecer una relación a medio-largo plazo, para que el *influencer* colabore a lo largo de toda la campaña.

DIFUSIÓN DE PRODUCTOS Y SERVICIOS

Muchas veces, se compara a los *influencers* con los *early adopters*, aquellos individuos caracterizados por ser los primeros en adoptar o en probar nuevos productos o servicios y que tienen una alta capacidad para difundir innovaciones. La prescripción de productos suele ser una de las acciones más comunes entre las colaboraciones marca-*influencer*. Como ya hemos visto anteriormente, pueden ser remuneradas económicamente o a través del producto que reciben de forma gratuita. Cuando además de regalar el producto, se paga al *influencer*, la marca puede exigir estas condiciones: el uso de *hashtags*, línea creativa, exclusividad para solo etiquetar en esa foto nuestra marca, etc. Este tipo de colaboraciones son más efectivas.

La difusión de productos puede realizarse de múltiples maneras; compartir una fotografía o una *story* con el producto es la forma más común en la mayoría de las categorías de producto, pero no siempre es la más efectiva. Los vídeos de gran formato en YouTube (con una duración más larga), vídeos de menos de un minuto en Instagram o varios *stories* enlazados que luego se pueden unir y poner en un destacado en el perfil, además de mostrar el producto, permiten ver cómo interactúan con él, cómo lo utilizan o saber más sobre su opinión.

Estos formatos de mayor duración, o su combinación con fotografías, tienen un mayor impacto en la comunidad y, por tanto, en los resultados de la marca.

DESARROLLO DE NUEVOS PRODUCTOS

Cada vez es más frecuente acudir a los *influencers* para desarrollar nuevos productos. Las marcas buscan involucrarles en el proceso de diseño, conocer mejor los intereses o necesidades de sus *targets* o testar con ellos el nuevo producto para recibir su *feedback*.

Cuando se involucra en estos procesos al *influencer*, se generan vínculos con la marca, se crea fidelidad y se facilita la prescripción en el futuro, una vez que el producto está en el mercado.

Para ello, hay que identificar bien a los *influencers* que deseen participar en el proceso, saber si poseen conocimientos relacionados con la categoría de producto, conocer sus intereses y necesidades y averiguar cuáles son los temas recurrentes en las conversaciones con su comunidad.

IMPULSAR LA VENTA DIRECTA

Muchas de las campañas con *influencers* tienen el objetivo de impulsar las ventas directas. Lo mejor es ser sinceros con los *influencers* e informarles claramente de las metas de la campaña, porque la mayoría de las acciones se limitan a mostrar el producto en el perfil del *influencer* y esto no resulta suficiente. Para obtener el retorno ideal, estas acciones requieren de trabajo previo y una colaboración profesional y remunerada. Ofrecer códigos de descuento o páginas de aterrizaje específicas son formas de medir el impacto real de las acciones. Una forma de involucrar al *influencer* en toda la campaña es proponer un pago fijo y otro variable, que dependa del número de ventas (o de generación de *leads*) directas. En este caso, deben quedar claros los términos de la colaboración en el contrato que se firme.

7. ESTRATEGIA DE *CONTENT* MARKETING

La creación de contenidos es una de las grandes habilidades de los *influencers*, ya sea para material fotográfico como de vídeo. Colaborar con los *influencers* para la generación de contenidos de valor para tu marca produce un gran impacto positivo en tus relaciones con estos líderes de opinión. Los contenidos creados a partir de una colaboración despiertan una gran motivación en los *influencers*, facilitando que luego los compartan de forma natural con su comunidad, y ofrecen nuevas líneas creativas desarrolladas con el lenguaje propio del *target* que queremos alcanzar. Además, los mensajes en los cuales los *influencers* son modelos o personajes principales despiertan un gran interés entre sus seguidores, generando una mayor interacción. A la hora de involucrar *influencers* en la generación de contenido hay que:

- Identificar tendencias en conversaciones entre *influencers* y los temas relevantes para su comunidad. Para esto se pueden utilizar herramientas que faciliten la monitorización de *hashtags*.

- Conocer las motivaciones del *influencer* para facilitar la realización de contenidos.

- Pensar si al *influencer* le vamos a dar total libertad creativa o, por el contrario, queremos que siga alguna línea editorial específica.

- Trabajar con los *influencers* tus palabras clave y la estrategia SEO, aprovechando el contenido para mejorar tu posicionamiento en la red.

El marketing de contenidos y el *influencer marketing* están estrechamente relacionados. Si quieres profundizar en este tema, puedes visitar la web contentmarketinginstitute.com, suscribirte a sus *newsletters* o ver los recursos gratuitos que ofrecen.

Ir a la web Content Marketing Institute.

8. ESTRATEGIA CON *MICROINFLUENCERS*

En el capítulo centrado en las tipologías de *influencers* hablamos ya de los *microinfluencers* y de sus ventajas y desventajas. En este apartado, queremos destacar algunas ideas para las colaboraciones con ellos:

- El bajo coste de las colaboraciones con *microinfluencers* facilita múltiples estrategias. La marca debe pensar y decidir qué tipo de relación quiere tener con los *influencers* y cómo influirá directamente sobre sus comunidades.

- Trabaja con *influencers* para generar campañas locales en pequeñas ciudades, pueblos o barrios. Su influencia se suele concentrar en un núcleo geográfico, por lo que puedes utilizar ese potencial.

- Las estrategias a largo plazo dan lugar a una mayor fidelidad del *influencer* con la marca. Además, generan *brand awareness*, gracias a lo cual nuestro producto o servicio puede aparecer con una cierta regularidad entre los contenidos del *influencer*.

- Los *microinfluencers* son personas que disfrutan de conversaciones que se generan con sus seguidores, cuidan sus comunidades y pueden transmitir la opinión y el sentir general de sus seguidores en relación con tu marca y producto.

- Es fundamental seleccionar bien a los *microinfluencers* o a los *nanoinfluencers*, pues sus comunidades valoran, sobre todo, su autenticidad. Por tanto, si nuestro producto no va acorde con su estilo, sus intereses o sus ideas, estos percibirán la colaboración como desafortunada o simplemente la verán sin interés, pudiendo desembocar en sentimientos negativos. Antes de elegir un *microinfluencer*, puedes preguntarte: ¿sería un consumidor natural de mi marca?, ¿representa el *target* al que quiero dirigirme?

- Los *microinfluencers* no tienen intermediarios que gestionen sus relaciones con las marcas, lo que facilita que la relación con ellos sea muy cercana y natural. Confía en ellos para que te den su opinión y consejos sobre tu marca y la colaboración que quieres realizar.

9. ESTRATEGIAS POR PERFILES PERSONALES-PROFESIONALES

En el capítulo 3, al tratar las tipologías de *influencers*, mencionamos también los diversos perfiles de líderes de opinión desde el punto de vista de su perfil personal y profesional. A continuación, podemos ver cómo conectar con ellos, crear relaciones personales y atraerlos hacia nuestra empresa. Colaborar con estos perfiles es muy eficaz para la comunicación institucional y el *business to business* (B2B).

Cuadro 6.1 Estrategias de colaboración con líderes de opinión según perfil profesional

Perfiles influyentes (Traackr)	Cómo conectar con ellos
○ *Celebrities*	Sus colaboraciones se basan en patrocinios. Tendrás que trabajar cómo dar a conocer tu marca y hacerla atractiva e interesante para ellos. Debes preguntarte: ¿cómo puedo llamar su atención, ¿qué pueden hacer por mi marca?, ¿los resultados que espero de la colaboración compensan los costes elevados? Salvo que puedas ofrecer una gran suma de dinero, tendrás que plantearte comenzar atrayendo celebridades locales-nacionales para, en un futuro, poder llegar a aquellos que tienen impacto internacional.
○ **Autoridades**	El mejor modo de conectar con ellos es aportando valor a su comunidad. La característica central de estos perfiles es la confianza; son fuentes de seguridad para sus industrias, empresas, comunidades. Por tanto, la colaboración con ellos no se puede comprar. Lo único que puedes hacer es aportarles contenidos, contactos y eventos que supongan un valor tanto para ellos como para su comunidad.
○ **Conectores**	Para conectar y colaborar con ellos tienes que ofrecerles aquello que más aprecian: nuevas concesiones que enriquezcan e incrementen su círculo de contactos.
○ **Marca personal**	Estos perfiles querrán colaborar siempre que les ayudes a mejorar su reputación y aumentar su visibilidad *online* y *offline*. Debes tener cuidado de no dañar su imagen, pues no suelen dar segundas oportunidades.
○ **Analistas**	Realiza acciones que les ayuden a generar nuevos conocimientos, aportando datos innovadores y de calidad. Valoran mucho el conocimiento relacionado con su industria. Ofrecerles información privilegiada y exclusiva te permitirá generar fidelidad en la relación.

Perfiles influyentes (Traackr)	Cómo conectar con ellos
○ **Activistas**	Adopta una actitud abierta y de escucha activa para detectar nuevos puntos de vista. Es bueno que crees relaciones con activistas que están a favor y en contra de tu empresa o sector. El respeto y la comprensión es vital para que los activistas se pongan de tu lado.
○ **Expertos**	Se mantienen enfocado en sus áreas específicas de interés. Encuentra formas de ayudarles a producir contenido, profundiza tu análisis y muestra tu propia experiencia a su audiencia.
○ *Insiders*	Participa en las conversaciones y debates relacionados con tu empresa o temas de interés. Sin embargo, antes de participar, debes conocer bien el ámbito donde se da el debate y los actores clave involucrados. Deben percibir que buscas nuevos puntos de vista que enriquezcan tu empresa.
○ **Disruptores**	Participan de forma activa en las conversaciones y debates, por lo que no debes estar a la espera, sino ser de los primeros que propongan su punto de vista. Puedes apoyarte en otros disruptores, expertos o activistas. Promueve un espíritu de debate y llévalo hacia el campo que convenga a tu empresa.
○ **Periodistas**	Buscan noticias e historias nuevas y exclusivas que aporten un valor diferencial a sus periódicos o webs y den a conocer su perfil. Colabora con ellos en los temas que les apasionan, es decir, no comiences conversaciones si no estás convencido de que el tema y la información realmente les va a interesar y piensa en formatos atractivos.

Fuente: adaptación de *The Many Faces of Influence* de la empresa Traackr

CAPÍTULO 7

HERRAMIENTAS Y AGENCIAS DE *INFLUENCER MARKETING*

La magnitud del *influencer marketing* abarca múltiples sectores y nos permite desarrollar una infinitud de estrategias diferentes, tanto dentro de las redes sociales como en el ámbito *offline*. El simple hecho de que estés leyendo estas líneas revela que el *influencer marketing* es algo más que una tendencia pasajera, pues el número de patrocinios con *influencers* continúa aumentando y las empresas incrementan o estabilizan sus presupuestos de cara a estas prácticas. Como hemos visto, la realización de este tipo de planes de marketing requiere de conocimientos profesionales, además de tiempo y de un presupuesto. Para esto han surgido variadas soluciones empresariales con el objetivo de facilitar planes de *influencer marketing* para las marcas, entre las que encontramos:

- Plataformas y *marketplaces* de *influencers*

- Agencias especializadas

- Estudios y *talent networks* o redes de talento

- Representantes

- Herramientas

A continuación, vamos a ir explicando sus diferencias y su oferta para las marcas. Para ello, nos apoyaremos en las clasificaciones que hacen las empresas Influencer Marketing Hub y MediaKix. El objetivo es proporcionar el conocimiento de estos «facilitadores» del *influencer marketing* para las empresas. Hay que tener en cuenta que las agencias, plataformas y herramientas están en constante evolución, por tanto, puede que lo que antes era una plataforma termine siendo una agencia, un ejemplo de ello es Socialpubli. Finalmente incorporaremos algunas recomendaciones.

1. AGENCIAS DE MARKETING DE INFLUENCIA

En términos generales, podríamos decir que las agencias de *influencer marketing* actúan como puente e intermediario entre las marcas y los *influencers*. Su meta es asociarse con personas influyentes para poder llevar a cabo esa colaboración de la que hablábamos anteriormente.

En su origen, el marketing de influencia se hizo un lugar dentro de las agencias de publicidad, y estas lo añadieron como un servicio más dentro de su oferta, pero, a medida que fue ganando en popularidad, empezaron a surgir agencias especializadas exclusivamente en marketing de influencia.

La creación de estas agencias surge de la necesidad expresa de las marcas de confiar sus estrategias de marketing a grupos expertos, especialmente de aquellas marcas que cuentan con grandes presupuestos, pues, como vimos anteriormente, la ejecución exitosa de campañas de *influencer marketing* requiere de un trabajo complejo, un proceso que nos lleva desde el conocimiento de la marca, sus valores y su esencia hasta la medición final de los resultados de tu campaña. Estas agencias de marketing realizan las tareas de las que hablábamos en el capítulo 5:

* Identificar a las personas influyentes óptimas para cada campaña en base a los objetivos y a los datos demográficos de la audiencia.

- Mantener una relación a largo plazo con los *influencers*.

- Negociar, redactar y hacer que se cumplan los contratos.

- Diseñar campañas multicanal, además de determinar las acciones y estrategias.

- Analizar los resultados durante y después de la campaña y evaluar el ROI.

Pero hay más. No deja de ser cierto que las tareas anteriormente mencionadas requieren de experiencia, pero, además, gestionar campañas con *influencers* supone una implicación extra de relaciones humanas. Por supuesto, hay que controlar y supervisar los procesos, pero también es imprescindible gestionar personas y lo que eso implica, es decir, sus gustos, opiniones, amistades, pensamientos, inclinaciones, seguidores y comunidades.

Los procesos de influencia personal, con su factor humano, añaden un riesgo adicional y, por tanto, requieren de años de experiencia por parte de quienes los manejan, de forma que generen confianza, buen entendimiento y profesionalización, minimizando así los posibles riesgos o problemas, naturales en todas las relaciones humanas.

La ventaja de una marca que recurre a una agencia para campañas de *influencer marketing* a gran escala es que, por su categoría de agencia, reúne las herramientas necesarias para generar una campaña integral. Conocen la industria y tienen relación con ella, por lo que extraen contactos e *influencers* de primera categoría, como *macro/megainfluencers*, que son inalcanzables para una marca en sí; su experiencia con las audiencias les ayuda a construir un mensaje sólido en base a una segmentación definida, por lo que alcanzan al público de una forma mucho más directa. Finalmente, las agencias manejan campañas en su totalidad, desde la estrategia hasta la identificación y generación de conceptos creativos, acciones de marketing..., lo que facilita la consecución de objetivos. Sin embargo, no todas las empresas pueden trabajar con agencias de *influencer marketing*, puesto que implica grandes presupuestos. Algunos ejemplos son:

- Brandmanic
- HireInfluence
- Human to Human
- Influgency
- InManagement

- Keeper Experience
- Mediakix
- Socialpubli
- Okiko Talents
- ViralNation

2. PLATAFORMAS O MERCADOS DE MARKETING DE INFLUENCIA

Las plataformas o mercados de influencia son grandes bases de datos donde las empresas o marcas pueden realizar búsquedas y filtrar a los *influencers*, dependiendo de las características de la audiencia, de las necesidades del mercado o la industria, del caché o de la profesionalidad de sus contenidos. Se puede realizar un proceso completo de contratación de *influencers* a través de plataformas de influencia, ya que muchas de ellas permiten realizar la búsqueda, conectar, contratar y pagar al *influencer* en la plataforma.

Además, son sistemas muy fáciles de usar, por lo que tienen un gran atractivo para las marcas que quieren hacer una campaña de *influencer marketing* por sí mismos o para aquellas que cuentan con un presupuesto muy limitado, pues sus tarifas son mucho más baratas que las de una agencia de marketing. La campaña se publica directamente desde la plataforma y la gestión y negociación con los *influencers* se lleva a cabo también dentro de esta. Los servicios que suelen ofrecer son descubrimiento de *influencers*; *influencer marketplace*; gestión de relaciones con *influencers*; administración de campaña; informes de rendimiento y resultados; analítica de terceros; y amplificación de contenido influyente.

Una vez que la empresa diseña el plan de *influencer marketing*, puede apoyarse en estas plataformas que facilitan enormemente la realización del plan. Una desventaja es que no suelen aportar el contacto de *macroinfluencers* o *megainfluencers*. Algunos ejemplos son:

- AspireIQ
- B*influencer*
- Brantube
- Deliverymedia
- Influence4you

- Influencity
- Launchmetrics
- Le Guide Noir
- Mavrck
- Openinfluence

- SamyRoad
- Traackr
- Tapinfluence
- Upinfluence

3. ESTUDIOS Y REDES DE TALENTOS

Como hemos visto anteriormente, la mayoría de los estudios y redes de talento se asocian con las MCN (redes multicanal o *multichannel networks*), que en su origen encontraron su nicho de mercado en los *youtubers*, a quienes ofrecían asistencia en muy diversos ámbitos, como producción, programación, gestión, administración de derechos, ventas... A medida que las redes sociales se han diversificado, las MCN han disminuido su peso en la industria del *influencer marketing*.

El problema principal para las MCN surge cuando los *influencers* ya no necesitan de esos servicios para obtener ingresos, pues, como sabrás, muchos comienzan a abrir su contenido a otros canales y a trabajar para las marcas en directo. Sin embargo, algunas de estas redes han evolucionado hasta:

- Conseguir tejer una red de talentos de personas influyentes de primer nivel, lo cual otorga un valor diferencial para las marcas.

- Especializarse en un sector concreto, como la moda, alimentación o viajes.

- Posicionarse en la categoría de agencia de medios.

Además, muchas de estas redes de talento compiten con las agencias, plataformas y mercados de marketing de influencia. Algunos ejemplos son:

- AwesomenessTV
- BroadbandTV

- Fullscreen
- Studio71

- Shots Studios
- Webedia

4. REPRESENTACIÓN DE TALENTOS

Cuando alguien alcanza la categoría de *influencer*, llega un punto en el que se da cuenta de que puede rentabilizar su actividad y sacar el máximo beneficio a su contenido. Sin embargo, la autogestión es complicada y, por eso, recurren a los representantes de talentos, figuras que los ayudan y orientan en el camino para rentabilizar su contenido y median por ellos a la hora de conseguir contratos de patrocinio con las marcas.

La función es muy parecida a la de una agencia de marketing de influencia en cuanto a que ponen en contacto a *influencers* con marcas, negocian las condiciones y establecen los términos de los contratos, pero la tarea de los representantes no va más allá de la pura negociación de los beneficios de su representado, pues nunca desarrollan campañas ni ofrecen rentabilidades. Las marcas que buscan asociarse con *mega/macroinfluencers*, en la mayoría de las ocasiones, deben negociar y operar a través de su gerente de talento.

Los representantes ofrecen gran cantidad de beneficios a sus clientes, pues una buena estrategia de representación supone más colaboraciones, mejores precios y nuevos métodos de rentabilizar la actividad. Por tanto, buscan la forma de que los *influencers* puedan generar beneficios de forma regular y habitual y saben a qué puertas deben llamar para conseguirlos. Conocen el mercado y las marcas y saben cómo y cuánto deben pedir para llegar a buen puerto en las negociaciones. Algunas compañías que ofrecen este servicio son:

* GoTalents
* United Talent Agency
* Vizz-agency

5. OTROS RECURSOS PARA EL *INFLUENCER MARKETING*

INFLUENCER MARKETING HUB

Es una página que aglutina contenidos actualizados sobre la industria del *influencer marketing*, así como un catálogo de plataformas y de agencias especializadas.

CÓMO ESTAR ACTUALIZADO

Algunas agencias y plataformas de *influencer marketing* ofrecen gran cantidad de contenidos relacionados con estas estrategias. Suscribirse a algunas *newsletters* es un buen modo de mantenerse al día de nuevas tendencias, casos de éxito, etc. Puedes seguir: Influence4you, Influencity, Launchmetrics, Mediakix, Mavrck, Traackr o Upinfluence.

HERRAMIENTAS DIGITALES PARA EL *INFLUENCER MARKETING* Y LA GESTIÓN DE REDES SOCIALES

- **Buzzsumo.** Permite encontrar contenidos muy virales. Puedes detectar palabras clave, tendencias temáticas e *influencers*.

- **BrandsMentions.** Facilita el seguimiento de las menciones de tu marca en redes.

- **Google Trends.** Descubre las tendencias de búsqueda en Google, es decir, informes sobre cuántas veces se busca un término, la evolución del interés y sus búsquedas por área geográfica.

- **Hashtracking.** Realiza seguimiento y análisis de *hashtags*.

- **HyperAuditor.** Identifica *rankings* de *influencers* y analiza perfiles de *influencers*: temas de sus publicaciones, audiencia por países, calidad de seguidores, estimaciones de *engagement*.

- **Hootsuite.** Herramienta para facilitar la labor de gestión de perfiles en redes sociales.

- **Hubspot Marketing.** Plataforma para gestionar el marketing digital. Permite crear, automatizar, medir y optimizar toda la estrategia de marketing digital en un mismo lugar. Está enfocada a acciones de *inbound marketing*.

- **Metricool.** Permite analizar, gestionar y medir el éxito de los contenidos digitales en redes sociales (analítica web, métricas y planificación de tus redes sociales).

- **Neowiki y Tiemio.** Enciclopedias o diccionarios de marketing digital.

- **Podbay.fm.** Buscador que identifica los mejores *podcasters* y *podcast* por géneros y nichos.

- **SEOquake.** Analiza el SEO de páginas web, identifica palabras clave y enlaces internos y externos. También podrás comparar URLs.

- **Similarweb.** Analiza todas las métricas de webs y blogs de los *influencer*.

- **Sprinklr.** Sistema de gestión de redes sociales que sirve como herramienta para facilitar la escucha social. Integra más de veintiún redes sociales y permite su conexión con otros sistemas de atención al cliente que suelen usar las empresas, como el CRM o el *email marketing*.

CAPÍTULO 8

CASOS DE ESTUDIO

En este capítulo, expondremos cuatro casos de estudio, así como algunos ejemplos de acciones que dieron lugar a pequeñas crisis de reputación. Los casos responden a empresas muy diferentes y de diversas tipologías, así como a múltiples estrategias de *influencer marketing*, por lo que hablaremos de empresas consolidadas, emprendedores, acciones con *celebrities* y *microinfluencers*.

1. TIPI TENT: UNA MARCA DE CUATRO *INFLUENCERS*

Tipi Tent es una *start-up* española nacida en 2015, creada por María Pombo (*megainfluencer*), Pablo Castellano (*microinfluencer*), Marta Pombo (*microinfluencer*) y Luis Antón (*microinfluencer*). Se trata de una marca desenfadada para gente joven bajo el eslogan «Do the indio». Marta Pombo, *community manager* de la marca, destaca que Tipi Tent es una comunidad que transmite una manera de vivir disfrutando de la vida, a través del deporte y los amigos.

La marca se lanzó aprovechando el crecimiento de la comunidad de seguidores de María Pombo, en aquel momento *microinfluencer*. Con el paso del tiempo, entre todos han conseguido una gran comunidad de seguidores, que se convierte en el mejor público para dar a conocer su marca. Cabe destacar que, cuando lanzaron la marca, solo María Pombo era *influencer*.

Instagram es su mejor escaparate, liderado por María, y ahí consiguen crear una gran conversación con sus seguidores y consumidores, pudiendo conocer mejor sus gustos, el interés hacia una prenda y sus sugerencias. Esta red social también se ha convertido en su principal canal de venta.

En 2017, crearon un contenido audiovisual que compartieron con todos sus seguidores, desvelando que en torno al 86 % de la facturación se llevaba a cabo a través de las redes sociales. Cerraron el año con una facturación cerca de 200 000 € (según la Agencia EFE). Su objetivo de facturación del 2018 fue sobrepasar el medio millón de euros.

Sus creadores saben aprovechar todos los momentos para motivar la venta y se apoyan en su entorno de influencia para crear contenido de valor para sus comunidades. Cualquier oportunidad es buena para generar impresiones y reacciones.

En abril de 2018, lanzaron una colección de camisetas y sudaderas en colaboración con Disney y, para la presentación, los cuatro fundadores realizaron una acción de *influencer marketing*; viajaron junto con *influencers* amigos un fin de semana a Disneyland París. Todo el fin de semana fue transmitido a través de las redes sociales y contaron con fotógrafo y cámara profesional. En esta acción participaron: @mariapombo, @pablocastellano, @mpombor, @luisaton10, @martalozanop, @ninauc, @sarabace2, @mariafrubies, @danielillescas, @teresaandresgonzalvo y el fotógrafo @jorchalon. En total, siete *microinfluencers* y cuatro *macroinfluencers*. Todos ellos subieron a Instagram al menos una fotografía del viaje y muchas historias que etiquetaban a la marca @tipitent o la citaban en el texto.

Si prestamos atención a las fotografías publicadas sobre el viaje en la cuenta de Tipi Tent y en las de los *macroinfluencers*, podemos hacernos una idea del impacto de las acciones.

Cuenta	Fotos publicadas	Likes	Comentarios
@martalozanop	11	307 035	2109
@mariapombo	4	291 314	1039
@danielillescas	4	174 174	1233
@tipitent	8	51 252	152
@ninauc	1	30 589	156

Fuente: cuenta de Instagram de Tipi Tent.

Como podemos observar, Marta Lozano fue la *influencer* que mayor visibilidad dio a la marca y la que consiguió en su *feed* de Instagram más interacciones. Si comparamos la visibilidad e interacciones de la colección en la cuenta de la marca y en la suma de los cuatro *macroinfluencers*, consiguieron un total de 751 860 *likes* y 4385 comentarios.

En 2019, se realizó otra acción de promoción utilizando las despedidas de solteros de Pablo Castellano, Marta Pombo y María García de Jaime, quienes en sus respectivas despedidas vistieron a todos sus amigos de Tipi Tent —él con camiseta, ella con bañador— y aprovecharon ese empujón para generar contenido tanto en las redes de la marca como en las de todos sus amigos *influencers*, entre los que se encuentran Tomás Páramo, María Fernández Rubíes, Ignacio Ayllón, Paula Argüelles, Daniel Illescas, Marta Lozano, Ana Bastos o Gotzon Mantuliz, entre otros. En numerosas ocasiones, estos *influencers* ayudan a sus amigos publicando contenido con ropa de la colección o posando como modelos para la publicación de los productos en la página web. Nada mejor que tener un grupo de amigos *influencers* para promover su marca: gran alcance, *engagement*, relevancia y resonancia en todas las acciones. Hay que tener en cuenta que, sin la amistad continua a lo largo del tiempo que muestran en las redes sociales, y si la marca no fuera afín a la vida de todos, el éxito no hubiera sido tan grande.

Fuente: cuenta de Instagram de Tipi Tent.

175

Por otro lado, si observamos el *feed* de la marca en Instagram, vemos que, aunque cuentan mucho con sus compañeros de influencia, en la mayor parte de los contenidos son María, Marta, Luis y Pablo quienes posan como principales modelos de la marca. Cuando realizan colaboraciones con otras personas, siempre las etiquetan en las publicaciones, ofreciéndoles así la oportunidad de darse a conocer. Como podemos apreciar, el éxito de Tipi Tent es un cúmulo de factores, pero destaca por ser una marca fresca que refleja el estilo de sus cuatro creadores, con ropa divertida para el día a día, y creada por jóvenes inquietos que han sabido apoyarse en sus comunidades de seguidores y en la influencia personal de cada uno. Muchos *influencer* han sacado sus propias marcas de ropa, pero Tipi Tent no solo se asocia a un *influencer* determinado sino a un grupo de amigos *influencers*.

Fuente: cuenta de Instagram de Tipi Tent.

2. DANIEL WELLINGTON: LA MARCA DE RELOJES DE LOS *INFLUENCERS*

Daniel Wellington es una marca de relojes suizos fundada en 2011 por Filip Tysander. Desde el principio, su creador decidió apostar por las redes sociales como canal principal de comunicación y por los contenidos generados por los *influencers*.

Daniel Wellington tiene una gran presencia y alcance en todo el entorno *online*. Es una marca global que tiene, en su cuenta principal de Instagram, @DanielWellington, casi 5 millones de seguidores y que, en 2017, abrió una cuenta española verificada @DanielWellingtonesp con más de 80 000 seguidores en la actualidad. Daniel Wellington es hoy una de las marcas de relojes con más fama en internet y es, sin duda, la más usada por los *influencers*, superando a marcas como Swatch, Lotus o Festina.

El valor diferencial de su producto, en el momento del lanzamiento de la marca, fueron sus correas de colores intercambiables, que otras marcas similares imitaron *a posteriori*, creando toda una tendencia. Sin embargo, está claro que, más allá de sus relojes clásicos y minimalistas, el éxito de Daniel Wellington tiene sus raíces en el escenario que lo llevó a la fama: Instagram. En esta red social se inicia y establece su canal de venta.

En el momento de su nacimiento como marca en 2001, su fundador contaba con 15 000 dólares de capital inicial; en 2015, afirmó generar unos ingresos de 220 millones de dólares, llegando a vender un millón de relojes en un año (según datos de econsultancy.com). Como hemos comentado, estos resultados se deben a su estrategia de comunicación y a la venta centrada en el *influencer marketing*.

En sus colaboraciones con *influencers*, la marca siempre ha dado cierta libertad y creatividad para la generación y publicación de contenido, aunque la mayoría de las publicaciones mantienen cierta coherencia estética en el estilo. Los contenidos generados por estos líderes de opinión son el modo de llegar a miles de usuarios y clientes. La mayoría de las publicaciones de Daniel Wellington en sus redes son contenidos generados por *influencers* y usuarios, lo que da autenticidad a su perfil. Sus relojes se han visto expuestos en escenarios elegantes y lujosos, incrementando así el valor percibido de la marca.

Esta, aprovechando su situación en las redes sociales, creó un apartado en la web donde se ven reflejados todos los *posts* publicados en el *feed* de Instagram. Bajo el título «Bienvenidos al mundo de Daniel Wellington», con ingenio y encanto personal, dicen a sus consumidores: «Inspírate en el modo en que personas de todo el mundo lucen nuestros productos y encuentra nuevas combinaciones de estilo para completar tu *look* Classic». Junto a sus colaboradores *instagrammers*, animan a los usuarios a publicar sus imágenes con el *hashtag* #DanielWellington, dándoles así la oportunidad de que su publicación aparezca en el perfil de la marca. ¡Todo un gancho para quienes desean ver crecer su comunidad! Este *hashtag* ha acompañado hasta el momento a más de dos millones de publicaciones, gracias a su continua colaboración con *influencers* nacionales e internacionales, con quienes realizan también campañas de *influencer marketing* en plataformas como Facebook y YouTube.

A nivel internacional, hemos visto a actrices y modelos de renombre mundial, como Kendall Jenner o Demi Lovato, que han lucido en sus fotos relojes y joyas de Daniel Wellington. También utilizan muchos perfiles de *microinfluencers* a quienes ayudan a darse a conocer a través de sus publicaciones en Instagram.

En España, Daniel Wellington ha colaborado con numerosos *influencers*, entre los que se encuentran Mery Turiel, María Pombo, Grace Villarreal, María Fernández Rubíes o Vik Guirao, que han posado con relojes de la marca. En muchas ocasiones, la marca da a los *influencers* un código de descuento de un 15 % para compras en la web para que estos lo ofrezcan a su comunidad.

En 2018, según un estudio publicado por SocialBaker, Daniel Wellington fue la marca más mencionada por los *influencers* utilizando *hashtag* #ad (contenido patrocinado), llegando a más de 20 000 menciones de 7200 personas influyentes.

**BIENVENIDOS AL MUNDO DE
DANIEL WELLINGTON**

Inspírate en el modo en que personas de todo el mundo lucen nuestros productos y encuentra nuevas combinaciones de estilo para completar tu look Classic.

Etiqueta tus imágenes con el hashtag #DanielWellington y tendrás la oportunidad de que aparezcan publicadas en nuestro perfil.

Fuente: www.danielwellington.com

Algunas de las acciones que realiza Daniel Wellington con *influencers* y su comunidad de seguidores son:

- Envíos de relojes gratuitos para *Microinfluencers* de todas las redes sociales, pidiéndoles que suban sus publicaciones con el *hashtag* de la marca, #danielwellington.

- Códigos de descuento para que los *influencers* los difundan en sus comunidades de seguidores.

- Concurso de la fotografía del día, #DWPickoftheDay, donde los ganadores reciben un reloj gratis; y la fotografía del mes, #DWPickoftheMonth, cuya foto comparten en el perfil de Instagram de la marca. Con este tipo de acciones, además de fomentar el contenido generado por usuarios, desarrollan un pequeño ejército de *brand advocates*.

En definitiva, el éxito de Daniel Wellington se podría explicar por dos motivos: colaboraciones con todo tipo de *influencers*, apoyándose especialmente en los *microinfluencers*, que además de generar contenido de calidad fomentan las compras a través de los descuentos; y creación de comunidades muy activas en las redes sociales, fomentando a diario las interacciones con ellos y cediéndoles el protagonismo en su web.

3. SUPERMERCADOS LIDL Y SU APUESTA POR LOS *INFLUENCERS*

La alimentación es otro de los sectores donde las estrategias de *influencer marketing* cada vez tienen más peso. Normalmente, los conceptos de alimentación e *influencers* van asociados al mundo *foody*, a experiencias *gourmet* o a restaurantes y bares de moda. Pero también encontramos grandes supermercados que aprovechan la fuerza del *influencer marketing*. Uno de ellos es Lidl.

La cadena de supermercados alemana ha incorporado la presencia de *influencers* entre sus estrategias de marketing con el objetivo de mejorar la percepción del valor de la marca, conseguir mayor visibilidad en redes sociales y llegar a un público más joven. En Alemania, han trabajado con la *celebrity* y *megainfluencer* Heidi Klum, que cuenta con más de 6 millones de seguidores. En 2017, Lidl lanzó una colección de moda con ella que reflejaba el estilo característico de la *influencer*.

Para publicitarlo, se decía que la nueva colección «reflejará su estilo característico», que estará «disponible exclusivamente» en Lidl y que se lanzará en su red global de tiendas a finales de año. La campaña bajo el *hashtag* #LETSWOW fue todo un éxito e hicieron coincidir el lanzamiento con la Fashion Week de Nueva York. La colaboración con Heidi Klum dio lugar a conversaciones virales en todas las redes sociales.

En 2018, en Alemania, Lidl realizó una campaña de comunicación con *influencers* bajo el *hashtag* #LidlStudio para impulsar sus ventas *online*. Para ello, reunieron a veinte *influencers* en temas de familia, estilo de vida, alimentación y moda que apoyarían las acciones de comunicación de Lidl durante unos meses. Participaron *influencers* de todo tipo, como Valentina Pahde, Riccardo Simonetti, Patrizia Palme o Shanti Joan Tan. El *hashtag* #LidlStudio sigue activo y muchos *influencers* continúan subiendo contenidos.

Fuente: cuenta de Instagram de Patrick Krueger

En España, Lidl es la marca de supermercados que más trabaja con *influencers*, aunque su estrategia nacional se ha centrado en *microinfluencers*, a través de colaboraciones patrocinadas. Algunas de las *influencers* son Natalia Cebrián @nat.cebriam, Elena Brotons @elenabrotons o Elisa Serrano @elisaserranot» todas ellas *microinfluencers*. Las imágenes publicadas suelen ser fotografías divertidas dentro de un supermercado Lidl con algún producto en la mano o montando una pequeña cena en casa. Además, siempre añaden el *hashtag* #ad. Por ejemplo, para promocionar una línea de yogures 0 % realizaron colaboraciones con @mariapintadohdz, @cristinaferrer o @Yarapuebla, todas ellas *microinfluencers* con una comunidad de seguidores de entre 30 000 y 50 000.

Fuente: cuenta de Instagram de Natalia Cebrián

La inmersión de la marca en el entorno digital no se basa solo en publicaciones patrocinadas con *influencers*, sino que Lidl también organiza eventos a los que invita a sus *microinfluencers*. En 2018, celebraron la segunda edición de las jornadas «SOS Vino en España» para hablar y analizar la situación del vino entre el público joven. A estas jornadas organizadas por Lidl, también acudieron algunas *influencers* que publicaron fotografías durante el evento.

Fuente: cuenta de Instagram de Elisa Serrano

En abril de 2019, lanzaron junto a la revista de moda *YoDona* la primera edición de los Premios Belleza Inteligente by Cien, la línea de cosmética natural de los supermercados Lidl.

Pero una de las acciones más interesantes de la marca son sus encuentros con *influencers*. En su cuenta de Instagram, tienen un destacado con el títuo «Encuentros» donde recogen todos los eventos que van realizando: #losencuentrosdelidl. Suelen estar asociados a un producto determinado para los que realizan un *hashtag* específico, como #lupilueslidl, #Esmara, #ciensunesdelidl o #MuyDeAquí. En estos encuentros, suelen participar *influencers* asociados al *parenting*, la alimentación, el *fitness* o la vida sana. Casi todos son *microinfluencers*, algunos con comunidades de seguidores entre 250K y 150K, pero la mayoría oscilan entre los 90K y 30K. Se puede destacar a @alma_cupcakes, @clarissecanal, @unamadremolona, @lucas_locuras, @rvbengarcia o @anaverasite.

Fuente: Fotos publicadas en los *stories* del perfil de Instagram de Lidl bajo la etiqueta «Encuentros».

Como podemos apreciar, los supermercados Lidl han sabido entender las posibilidades del *influencer marketing*, realizando múltiples acciones en diferentes categorías de producto y con todo tipo de *influencers*.

4. DENIM SOULS: COLABORACIONES CON *MICROINFLUENCERS*

Denim Souls es una marca de cazadoras vaqueras pintadas a mano que comenzó May López-Bleda en 2016 como un pasatiempo. Sin embargo, en 2018, su creadora decidió abrir un *e-commerce*, registrar la marca y dedicarse al 100 % a la empresa, que vendía chaquetas únicas que se pueden personalizar a gusto de cada cliente. Los precios de las cazadoras varían desde los 90 € hasta los 250 €. Comprar una cazadora de Denim Souls no es una compra rápida por impulso, sino un pedido personalizado que tarda aproximadamente dos semanas en llegar al cliente. Durante el proceso de elaboración, la marca mantiene el contacto con el cliente, quien aprueba el borrador del diseño y sigue el proceso de creación.

Una de las acciones realizadas durante 2019 para dar a conocer la marca fue la confección de cazadoras personalizadas para algunas *influencers*.

Aunque la idea inicial de la marca era realizar colaboraciones cada mes, no se pudieron llevar a cabo con esta regularidad, debido a las dificultades durante los procesos de asociación con las *influencers* y otros factores externos. La fundadora de la marca buscaba *influencers* que cumplieran tres requisitos: ser mujer, estar vinculada al mundo de la moda y tener más de 100 000 seguidores en Instagram (*microinfluencers*). Contactaba con ellas a través de mensajes directos en Instagram ofreciéndoles una de sus chaquetas personalizadas y les pedía que publicaran una historia o una foto etiquetando la marca.

Al ser una colaboración «gratuita», donde se regala un producto de la marca, pero no se remunera a la *influencer* por publicar contenido, Denim Souls no pudo establecer un acuerdo de colaboración mediante el cual pudieran decidir cómo debía salir el producto en la publicación, elegir los *hashtag*s o recibir las estadísticas de las publicaciones.

Sin embargo, cada publicación con las *influencers* supuso un aumento de entre 200 y 500 seguidores. También aumentaron las visitas a la web, aunque este dato no se analizó en profundidad. La pregunta es: ¿ayudó la iniciativa a vender más chaquetas? Sí, con casi todas las colaboraciones se vendieron chaquetas. Las *influencers* con las que colaboró fueron:

Anita Matamoros (@_anitamatamoros): tras recibir la chaqueta, la mostró en un vídeo en YouTube, pero no nombró la marca. La acción no produjo ninguna venta.

Teresa Bass (@teresa_bass): cuando recibió su chaqueta, subió una fotografía con ella, etiquetando la marca. Era una imagen cuidada donde la chaqueta era la protagonista; además, también la etiquetó en sus historias. En la foto, Teresa explica que es una chaqueta personalizada que Denim Souls ha realizado para ella. La fotografía de Teresa dio lugar a tres nuevos pedidos de chaquetas.

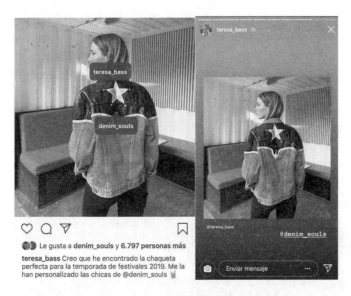

Fuente: cuenta de Instagram de Teresa Bass

- Marta Pombo (@mpombor): primero subió un par de historias con la chaqueta, que dieron lugar a tres pedidos. Semanas más tarde, la *influencer* subió una fotografía en un concierto con la chaqueta etiquetando la marca, lo que supuso dos nuevos pedidos.

Fuente: cuenta de Instagram de Marta Pambo

- María Turiel (@meryturiel): tras recibir su chaqueta personalizada, colgó una fotografía donde aparece la etiqueta de la marca. Semanas más tarde, volvió a colgar otra fotografía donde aparecía la chaqueta, esta vez sin etiquetar la marca, pero Denim Souls se encargó proactivamente de responder todos los comentarios de los seguidores que preguntaban de dónde era la chaqueta. Además, dicha chaqueta aparece de vez en cuando en las historias de la *influencer*, aunque no etiquete la marca. Las fotografías de la *influencer* supusieron un total de ocho pedidos nuevos. Además, la cuenta de @denimsouls incrementó en 1000 seguidores su comunidad en cuatro días tras la primera publicación de la *influencer*.

Fuente: cuenta de Instagram de Mery Turiel

- Fátima Cantó (@fatimacanto): Denim Souls realizó dos chaquetas para su boda, una para ella y otra para su marido. La *influencer* publicó dos fotografías donde aparecen las chaquetas, y en una de ellas nombró explícitamente a la marca en el texto que acompaña la foto. En el vídeo de la boda aparecen bailando con las cazadoras en primer plano durante 38 segundos. Como resultado, la marca obtuvo nueve pedidos para bodas, es decir, dieciocho chaquetas vendidas.

Fuente: cuenta de Instagram
de Fátima Cantó

Por último, realizó una colaboración con el cantante Walls —@wallsssssss—, que, tras mostrar su chaqueta en dos historias en las que hablaba explícitamente de la marca y lo mucho que le gustaba su chaqueta personalizada, generó cinco pedidos nuevos.

Fuente: cuenta de Instagram
del cantante Walls

187

Como podemos observar, la autenticidad de la marca y el valor creativo de sus diseños personalizados suponen un aliciente para estos *influencers*, aunque no tengan por estas colaboraciones una remuneración económica. Cuando el *influencer* está bien seleccionado, la chaqueta no se queda en una mera colaboración, sino que pasa a ser parte de su armario, por lo que semanas después vuelve a aparecer el producto en sus publicaciones. La limitación de estas colaboraciones se encuentra en que la marca no puede pedir a los *influencers* cómo ni cuándo sacar la chaqueta, ni poner *hashtags* o enlaces a la web. Aun así, estas colaboraciones han sido positivas, ya que han proporcionado seguidores, contenido y ventas a la empresa, gracias a lo cual Denim Souls logró un ROI positivo.

5. CRISIS DE REPUTACIÓN RELACIONADAS CON *INFLUENCERS*

Los líderes de opinión o *influencers* pueden ser grandes aliados para nuestras empresas, pero también pueden propiciar pequeñas crisis de reputación. Estas crisis se dan especialmente cuando el *influencer* con el que hemos colaborado difunde algún mensaje o imagen donde aparece nuestra marca y este da lugar, por su contenido, a críticas y comentarios negativos en internet.

En estos casos, al igual que los mensajes positivos tienen un gran alcance gracias a las grandes audiencias de los *influencers*, las reacciones negativas también lo tienen.

Por esto, la selección de *influencers* es clave, y se debe prestar mucha atención al alineamiento del *influencer* con la marca, investigando previamente si las ideas y comportamientos de ese líder de opinión nos benefician. Del mismo modo, en los acuerdos de colaboración es importante señalar con claridad las «líneas rojas» que el *influencer* no puede traspasar a la hora de realizar los contenidos en los que aparece la marca. Con esto, no pretendo disuadir para no hacer colaboraciones con *influencers*, sino concienciar de los peligros, para estar preparados ante posibles situaciones de crisis y poder reaccionar a tiempo y correctamente. En definitiva, las redes sociales son un arma de doble filo para las marcas, ya publiquen sus propios mensajes o colaboren con *influencers*. La clave ante una crisis de reputación es ser transparentes, admitir los errores, ser proactivos y no reactivos y escuchar a la comunidad implicada. Veamos algunos casos.

MCDONALD'S Y @GIGIHADID: CUANDO SE CUESTIONA A UN *INFLUENCER*

McDonald's realizó una colaboración con la *influencer* @gigihadid a través de una publicación patrocinada en un momento en el que la *influencer* contaba con más de 40 millones de seguidores. En la publicación, la modelo aparece comiendo unas patatas fritas. Sin embargo, la publicación recibió cientos de comentarios negativos donde los consumidores ponían en duda que la modelo comiera patatas fritas.

En este caso, cuando McDonald's escogió a una *celebrity* con un alcance tan grande, debió ser consciente del riesgo. Los productos de alimentación son más propensos a las críticas que los productos de otras categorías.

Fuente: cuenta de Instagram de Gigi Hadid

189

H&M Y @NERDABOUTTOWN (STEPHANIE YEBOAH): CUANDO UN *INFLUENCER* CRITICA

A veces, las crisis de reputación no son consecuencia de colaboraciones con *influencers*, sino que estos pueden criticar tu marca, aunque tú no trabajes con ellos. La influencia que ejercen en su comunidad de seguidores puede dar lugar a una crítica generalizada y a una llamada a la acción.

Un ejemplo es el mensaje publicado por @nerdabouttown donde criticaba una fotografía de una sudadera de H&M en la que aparecía un niño afroamericano con una frase racista —«Coolest monkey in the jungle»—, según la *influencer* británica Stephanie Yeboah. Muchos usuarios se unieron a estas críticas.

H&M decidió disculparse a través de su portavoz en el periódico *The Independent*, donde señaló que la imagen había sido eliminada, y afirmó: «Pedimos disculpas a quienquiera que haya ofendido».

Fuente: mensaje difundido por Stephanie Yeboah en su cuenta de Twitter

NESTLÉ Y @JPELIRROJO: CUANDO UN *INFLUENCER* HACE UN COMENTARIO DESAFORTUNADO

La marca Nestlé realizó colaboraciones con un conocido *youtuber* español, @JPelirrojo, que era imagen de los helados Maxibon en España. El *youtuber*, tras la noticia de la muerte de un torero, publicó en Twitter varios mensajes negativos, insultando la memoria del torero y a su mujer, que acababa de quedarse viuda, haciendo hincapié en que se alegraba de su muerte, puesto que estaba en contra de la tauromaquia. Algunos de sus mensajes afirmaban: «Estaría siendo hipócrita al afirmar que no me alegro cada vez que un torero muere, sea en la plaza o sea en un accidente de coche. Y siento si eso me convierte en mala persona para ti, pero me siento tan feliz cuando un toro coge y mata a un torero como cuando marca tu equipo un gol»; «La verdad es que pobre familia, tener por hijo a un psicópata que disfrutaba torturando y asesinando animales»; «Digo que los toreros son torturadores y asesinos y dicen que me retracte. Es cierto, habría que añadir que a los que les gusta verlo lo son también».

@JPelirrojo comenzó a recibir muchas críticas y, como consecuencia, los consumidores se lanzaron contra Nestlé por utilizar como imagen a una persona que se alegraba de la muerte de otra persona y faltaba al respeto a su familia. Taurinos y antitaurinos criticaron al *influencer* por su falta de humanidad, y comenzó un boicot hacia la marca bajo #BoicotNestle.

El acierto de la marca fue responder con prontitud y de forma rotunda hacia los comentarios del *influencer*, dando la razón a los consumidores en las redes. Comunicaron su desacuerdo con @JPelirrojo y el final inmediato de la colaboración con el *youtuber*.

Fuente: mensaje publicado en la cuenta de Twitter de Nestlé

191

CAPÍTULO 9

¿Y MAÑANA QUÉ? LA LLEGADA DE LA INFLUENCIA 3.0

Como hemos visto a la largo del libro, las estrategias con *influencers* abren un mundo de posibilidades a las empresas en múltiples sectores o industrias. En definitiva, esta estrategia de marketing está basada en la esencia del ser humano. Como dijo Aristóteles en su obra *Política*: «El hombre es un ser social por naturaleza». Es decir, necesitamos a los otros para vivir y realizarnos. Pase lo que pase en nuestra sociedad, la comunicación entre pares siempre tendrá una fuerza de influencia inigualable y el boca a boca (WOM y eWOM) será siempre el mejor canal de comunicación. Internet y las redes sociales no han hecho más que potenciar esta realidad. El *influencer marketing* no es una tendencia pasajera; no podemos olvidar que los primeros estudios sobre la colaboración entre empresas y líderes de opinión comenzaron en los años cincuenta.

Comenzaba el libro afirmando, en palabras de Imran Amed en *The Age of Influence*: «Para bien o para mal, la era de la influencia está aquí. La pregunta es: ¿cómo vas a usar la tuya?». Espero que después de todo lo explicado puedas afirmar que ya tienes datos para saber cómo vas a utilizar tu influencia y la de tantos consumidores y líderes de opinión claves para tu marca.

En resumen, el *influencer marketing* se basa en tres parámetros: relaciones de confianza, capacidad de generar conexiones y accesibilidad a audiencias. Y, bajo estas tres claves, se asienta el poder de las recomendaciones uno a uno, uno a muchos, muchos a muchos (*one to one; one to many; or many to many*).

Podemos concluir que los *influencers*, gracias a su presencia *online* y a su poder en las redes sociales, así como a sus recomendaciones, su entusiasmo y su pasión por sus áreas de interés y sus múltiples conexiones en todo el mundo, ayudan a las empresas a crear marca, incrementar el conocimiento de marca, generar confianza, crear contenido, alcanzar audiencias y generar *engagement* y ventas.

Como consecuencia, muchas marcas están delegando en los *influencers* su comunicación y las relaciones con sus consumidores, un planteamiento de estrategia que conviene revisar pues una cosa es apoyarse en los *influencers* como prescriptores y canales de comunicación, y otra muy distinta es dejarles las riendas de la comunicación de la empresa. En mi opinión, una empresa debe liderar su marca y su comunicación.

Antes de exponer las tendencias de futuro, es clave analizar algunos problemas y desafíos a los que se enfrenta el *influencer marketing*.

1. PROBLEMAS EN TORNO AL INFLUENCER MARKETING

No podemos obviar que el aumento de las campañas de *influencer maketing* trae consigo algunos problemas o cuestiones a los que las empresas se deben enfrentar:

- Falta de transparencia en torno al poder de «influencia» de los *influencers*: las grandes comunidades de seguidores no siempre equivalen a una influencia significativa o a un poder de cambiar las actitudes y comportamientos de sus seguidores. Es necesaria una identificación de influyentes más precisa, tanto en el plano cuantitativo como en el cualitativo. Tener en cuenta solo el número de seguidores o las tasas de *engagement* no es suficiente, pues cada vez existen más *influencers* que falsean sus datos y compran seguidores.

- Limitaciones en el análisis del contexto a la hora de identificar a los *influencers*: cada vez existen más *influencers* en diferentes categorías de producto y servicios. Con frecuencia, se tiende a clasificar en categorías demasiado genéricas o se recurre únicamente a *lifestyle influencers*, es decir, *influencers* de estilo de vida. A menudo, la identificación de *influencers* carece de un análisis cualitativo, enfocado en la identificación de características del *influencer* que concuerden con el contexto y el estilo de la marca o en el análisis del modo de trabajar de ese *influencer* con otras marcas. Además, el incremento exponencial de *influencers* dificulta la correcta selección de estos para las campañas. Por el contrario, en algunas categorías existe un número limitado de *influencers* para la alta demanda por parte de las empresas, produciendo una inflación de los precios de las tarifas de estos líderes de opinión.

• Falta de objetividad en el análisis del contenido visual: juzgar las cualidades estéticas es una tarea altamente subjetiva y, con frecuencia, el contenido visual es percibido de manera diferente por los individuos. Como consecuencia, la falta de objetividad puede sesgar la identificación del influyente y el rendimiento de la campaña.

• Mala alineación entre las necesidades de la empresa y las ofertas de colaboración de los *influencers*: el incremento de influyentes en la red dificulta la alineación de los objetivos comerciales y de comunicación de la empresa y los intereses de los *influencers*.

• Poca profesionalización: muchas empresas destacan que tienen grandes problemas a la hora de medir los resultados, pactar colaboraciones con *influencers* o realizar un plan de marketing con *influencers*. En la mayoría de los casos, esto se debe a que no se invierten recursos en la formación de los profesionales del marketing, en la comunicación mediante este tipo de estrategias o en la contratación de herramientas o agencias especializadas en *influencer marketing*.

• Falta de experiencia en la ejecución de campañas de *influencer marketing*: aunque grandes empresas llevan varios años trabajando con *influencers*, muchas pymes solo realizan acciones puntuales. El análisis de los datos es clave para mejorar el rendimiento de las campañas. Aunque se pueden obtener datos fácilmente a través de herramientas de *influencer marketing* o métricas en las redes sociales, de nada sirven si esos datos no son analizados y utilizados para controlar el rumbo de las campañas.

2. DESAFÍOS DEL *INFLUENCER MARKETING*

Muchos de los problemas comentados en el apartado anterior se presentan como desafíos para las empresas. Sin embargo, ante el incremento exponencial de *influencers* con la aparición de miles de perfiles en las redes sociales —especialmente en Instagram y YouTube—, se presentan nuevos retos que vale la pena destacar.

SOLUCIONES LEGALES QUE AMPAREN A LOS CONSUMIDORES, LOS *INFLUENCERS* Y LAS MARCAS

Como vimos anteriormente, la Comisión Federal de Comercio en Estados Unidos reguló las prácticas publicitarias de las marcas en las que aparecen *influencers*. Señalaron la necesidad de añadir etiquetas como #ad, #sponsored, #spon o #sp, cuando existen «conexiones materiales» entre el influyente y el anunciante.

De hecho, Estados Unidos no ha sido el único en reaccionar y regular la publicidad con *influencers*. En Reino Unido, la Advertising Standards Authority advirtió a más de doscientos *influencers* que estaban vulnerando las reglas sobre publicaciones patrocinadas. En enero del 2019, la Comisión Nacional de los Mercados y la Competencia generó en colaboración con dieciséis *influencers* un código de buenas prácticas. En esta guía se recomienda: etiquetar claramente el contenido por el que ha recibido una compensación (#ad o #sponsored); etiquetar los regalos con el hashtag #freebie; indicar en la bibliografía con qué marcas suelen trabajar (recomendación); si en una publicación aparecen varios patrocinios, identificar cada uno adecuadamente. Por su parte, Italia cuenta con un código de autorregulación y Alemania actualmente tiene varias denuncias en los tribunales, aunque no existe consenso sobre la regulación de estas acciones. Aunque no todas las empresas en el marco europeo conocen la guía de buenas prácticas para el marketing de influencia publicada a finales del 2018 por la European Advertising Standards Alliance, este documento muestra recomendaciones y buenas prácticas. No es un código, busca promover las colaboraciones coherentes y la aplicación de la autorregulación en Europa.

En España, todavía no se ha publicado un código de autorregulación de las prácticas de *influencer marketing*, aunque la Asociación Española de Anunciantes (AEA) y Autocontrol están diseñando un documento. Por el momento, el artículo 20.1 de la Ley de Servicios de la Sociedad de la Información y Comercio Electrónico o LSSI, afirma que las comunicaciones comerciales por vía electrónica (como, por ejemplo, publicaciones en Instagram) deben ser identificadas y señalar el nombre de la empresa que las realiza.

Si quieres saber más sobre temas legales relacionados con el *influencer marketing* o cómo crear un contrato con un *influencer*, escanea el QR.

Cómo crear un
contrato con un
influencer.

! Siempre que realicemos campañas de *influencer marketing* que puedan tener un público internacional o afectar a otros mercados, es recomendable que el influencer utilice las publicaciones señalando el patrocinio o muestre de forma clara a través de las etiquetas que ese contenido nace de la colaboración con una marca. Como empresa, es aconsejable añadir *hashtags* como #AD, #SPONSORED, #SPON, #SP o #FREEBIE.

FAKE INFLUENCERS Y FAKE FOLLOWERS

El incremento de la demanda de *influencers* para colaborar en campañas de comunicación y marketing ha despertado el deseo de muchos jóvenes de convertirse en *influencers*, ya sea como pasatiempo o fuente de pequeños ingresos y regalos o como profesión. Además, algunas empresas han querido potenciar la creación de *influencers* con el fin de obtener beneficios económicos. Como consecuencia, se han desarrollado cientos de perfiles de *influencers* y usuarios falsos a través de bots (*software* que sirve para comunicarse con usuarios en la red y que trata de imitar un comportamiento humano).

De este modo, podemos encontrar *influencers* con cientos de seguidores que en su mayoría son *bots* (seguidores falsos). Cualquier *influencer* o persona que quiera hacerse pasar por *influencer* puede comprar seguidores, me gusta, comentarios, *engagement*... En Google, se pueden encontrar muchas páginas que ofertan estos servicios, como IDigic, Buzzoid o Mrinsta. En España existen: Comprar-followers, Tus-seguidores Shop o Comprarseguidores.

A medida que el marketing de *influencers* gana popularidad como estrategia, la selección de *influencers* se complica y la correcta localización y colaboración con el *influencer* adecuado para tu marca se convierte en una de las partes fundamentales para el éxito del plan de *influencer marketing*. Por eso, es necesario analizar la audiencia del *influencer* antes de colaborar con él. Una buena herramienta para hacerlo es Hypeauditor (https://hypeauditor.com/). Influencer Marketing Hub destaca algunos índices para detectar seguidores falsos:

- Cuentas con números «inusuales»; por ejemplo, cuando los siguen muchas más personas de las que ellos siguen y sus tasas de *engagement* son tan altas que no guardan relación con su actividad en Instagram.

- Cuentas que algunos días son muy activas, especialmente los primeros días, y después se convierten en cuentas fantasma que no interactúan.

- Cuentas con perfiles extraños, sin sentido, sin datos personales y con fotografías sacadas de archivos gratuitos o de dudosa procedencia. Además, este tipo de cuentas publica comentarios irrelevantes.

Ver documental:
*El gran fraude de
los influencers.*

Para finalizar este apartado, me gustaría recomendar el documental de la agencia Human to Human (H2H) titulado el *El gran fraude de los influencers*, donde se destaca cómo muchos *influencers* obtienen viajes y regalos gratis sin aportar valor a la empresa, cómo se puede falsear el éxito y la falta de regulación.

De nuevo, lejos de pretender dar razones para no hacer colaboraciones con *influencers*, quiero destacar la importancia de trabajar el *influencer marketing* de forma profesional.

ADIÓS A LA VISIBILIDAD DE *LIKES* DE INSTAGRAM

En 2019 Instagram comenzó a realizar pruebas en múltiples países quitando la visibilidad del número de *likes* en las publicaciones. De este modo, solo el usuario de la cuenta pude ver cuantos *likes* a recibido por post. Desde Instagram Zuckerberg explica el objetivo: «Queremos que la gente esté menos interesada en la cantidad de me gusta que recibe una publicación y se centre más en conectarse con otras personas». La red social quiere potenciar la autenticidad, el valor del contenido y disminuir la presión que podía suponer el número de *likes*. Así pretenden conseguir que Instagram sea un lugar donde los usuarios se centren en las fotos y los videos y no en los *likes* que reciben. La desaparición de los *likes ya* está impactando a muchos *influencer* y marcas que ven como disminuye el número de *likes* y su visibilidad en la red. Este nuevo panorama aumenta el valor de métricas que hemos ido explicando a lo largo del libro, como la relevancia y la resonancia de un *influencer*. Además, potenciará la medición del ROI desde la perspectiva que propongo en este libro, *Return Of the Influence:* los cambios en las percepciones, los valores que se asocian a la marca y las relaciones de seguridad y confianza. En definitiva, es una vuelta a la calidad y no la cantidad.

PRINCIPIOS ÉTICOS EN LA PRÁCTICA DEL *INFLUENCER MARKETING*

La Word Of Mouth Marketing Association (WOMMA), en su guía sobre el *influencer marketing*, destaca que las buenas relaciones entre *influencer* y marca, así como el éxito de las campañas, dependen del ambiente de confianza y transparencia que exista. Por esto, WOMMA propone seis principios éticos que tanto los *influencers* como las empresas deberían seguir:

- Confianza: involucrarse en prácticas y políticas que promuevan un ambiente de confianza y transparencia entre el público y el profesional de marketing.

- Integridad: cumplir con los requisitos de las leyes, regulaciones y reglas vigentes sobre la prevención de prácticas de marketing y publicidad desleales o engañosas, así como participar en prácticas que están diseñadas para permitir que la audiencia actúe racionalmente para tomar decisiones mejor informadas.

- Respeto: promover y respetar las prácticas que se enfocan en el bienestar de la audiencia.

- Honestidad: las audiencias deben ser libres de formar sus propias opiniones y compartirlas con sus propias palabras, sin ningún compromiso sobre qué decir y cómo hacerlo.

- Responsabilidad: sensibilidad y cuidado en contenidos, dada la vulnerabilidad de los menores ante la manipulación y el engaño.

- Privacidad: respetar la privacidad de las audiencias y emplear prácticas que promuevan los medios más efectivos para promoverla.

3. NUEVAS TENDENCIAS Y OPORTUNIDADES

Instagram está considerada una de las plataformas clave para el *influencer* marketing. El uso de sus historias continúa creciendo y generando un aumento considerable del *engagement* que se debe también a que ofrece una mayor libertad a la hora de comunicar, el coste de la colaboración con *influencers* es menor y no compromete el *feed* de las marcas e *influencers*. A pesar del crecimiento de las historias, las imágenes continuarán siendo el contenido preferido por los *influencers* para sus colaboraciones con marcas. Por otro lado, los creadores de vídeos ya no solo se encuentran en YouTube, sino en IGTV, abriéndose un nuevo formato y vía de colaboración con las marcas.

El contenido patrocinado en Instagram crece cada año en todo el mundo. Cuanto mayor es la comunidad de seguidores y su impacto en las interacciones, más utilizan estos formatos *sponsor*. Los nuevos marcos legales de regulación de las colaboraciones con *influencers* incrementaron en 2018 en un 133 % el uso del *hashtag* #ad (según Socialbakers), una tendencia que va a continuar creciendo cada año.

Como hemos visto a lo largo del libro, las colaboraciones con *microinfluencers* son las preferidas de las empresas, por la accesibilidad a este tipo de *influencers* y su coste menor. Desde Socialbakers, apuntan que Latinoamérica tiene el récord de *micronfluencers* en las redes sociales y América del Norte el mayor número de *influencers* famosos (*celebrities* y *megainfluencers*). Cada vez será más importante una selección cuidada de *microinfluencers*, prestando verdadera atención a su calidad de influencia y al estudio de su relevancia y resonancia para la marca. Además, las empresas comenzarán a realizar más planes orgánicos de *influencer marketing* centrados en los *influentials* o *nanoinfluencers*.

Los planes de *influencer marketing* y las acciones a largo plazo están aumentando considerablemente. Las empresas que quieran obtener buenos resultados y realizar estas campañas profesionalmente como parte de sus estrategias de marketing dejarán de hacer colaboraciones puntuales rápidas o para «probar». Se dedicará más tiempo a pensar un plan desde su comienzo hasta el final, pasando por los diez pasos señalados y generando verdaderas relaciones personales con los líderes de opinión. Además, se trabajará con los *influencers* en campañas globales, con estrategias creativas que integren mejor todas las plataformas y el ámbito *online* y *offline*. Muchas marcas apostarán por centralizar en la empresa los planes de *influencer marketing* y desarrollar equipos preparados para llevarlos a cabo.

La inteligencia artificial (IA) aplicada a la publicidad y al marketing continúa evolucionando y desarrollando nuevas posibilidades de automatización de los procesos de *influencer marketing*, especialmente en tareas de búsqueda de *influencers*, análisis de audiencias, seguimiento de campañas y medición de resultados. Además, se puede obtener mucha información sobre los ecosistemas (enfoques, valoraciones, sentimientos) de las marcas y los *influencers* en las redes sociales. También analiza y descubre conexiones entre *influencers* y marcas que los usuarios perciben.

De nada sirve la inteligencia artificial si no es combinada y supervisada por personas. El *influencer marketing* requiere de diseños de campañas realizados por personas que aporten creatividad y análisis cualitativo. Como vimos en el capítulo 3, el desarrollo de avatares digitales continuará, pero prevalecerá la preferencia por los *influencers* reales.

China es uno de los mercados más importantes en la industria del *influencer marketing*, pues lleva una ventaja de tres a cinco años con respecto al resto de mercados. China ofrece a empresas y usuarios funcionalidades más avanzadas, donde la integración de las redes sociales, el comercio electrónico y el pago digital han permitido modelos de negocio que aún no se han explorado en otros países. Por ejemplo, las redes sociales y el *e-commerce* cuentan con buscadores que permiten hacer búsquedas unificadas en la web y el contenido de las redes sociales publicado por los usuarios. Los motores de búsqueda tradicionales comienzan a estar obsoletos en China, y los usuarios prefieren acudir a redes sociales o sitios de *e-commerce*, por lo que aplicaciones como WeChat realizan búsqueda en web, publicaciones sociales e incluso conversaciones privadas. Algunas plataformas sociales comienzan a cobrar a las marcas elevadas sumas por las publicaciones patrocinadas que hacen. Por otro lado, múltiples *influencers* chinos han desarrollado marcas realmente exitosas para sus audiencias y están logrando apoyos de instituciones y empresas que apuestan por ellas. En este sentido, existe un desarrollo más avanzado de estudios creativos realizados por *influencers* que desplazan a las agencias de publicidad tradicional y la creación de contenidos.

4. LA LLEGADA DE LA INFLUENCIA 3.0

Brian Solis, uno de los principales analistas de la empresa de tecnología Altimeter y experto en *influencer marketing*, señaló ya en 2016 que el futuro del *influencer marketing* está en las relaciones y no en la popularidad. Solis, ante el incremento exponencial de las colaboraciones entre marcas e *influencers*, propone la «influencia 2.0», un enfoque que se centra en las relaciones con influyentes y no en las colaboraciones. Como hemos visto a lo largo del libro, estas tendencias que comenzamos a percibir hoy en día continuarán en el futuro, pues todavía estamos muy lejos de este cambio. Las estrategias de influencia 2.0 no se centran en objetivos a corto plazo, sino que involucran todo el *customer journey* del cliente. La influencia 2.0 está basada en los líderes de opinión que han transformado su influencia personal en una influencia oficial como consecuencia de las colaboraciones entre influyentes y marcas, alcanzando comunidades de más de un millón de seguidores.

Sin embargo, hemos de dar un paso más y trabajar en la influencia 3.0, un enfoque en el cual las empresas apuesten principalmente por sus relaciones con los *influentials*, individuos que tienen un liderazgo invisible y cercano, de persona a persona. Las marcas deben apostar por atraer a estos *influentials* de una forma orgánica, haciendo hincapié en la atención al cliente y en la comunicación personalizada. Por otro lado, debemos potenciar las colaboraciones con *inflluencers* desde la perspectiva de las Relaciones Públicas y no como una mera cuestión publicitaria.

La influencia orgánica será siempre la clave para que, tanto la empresa y la marca, como los *influencers* y el consumidor, participen de forma consciente en la defensa de un sistema sostenible, centrado en el valor de cada uno de los actores del *influencer marketing*.

GLOSARIO

ADVOCATES (BRAND ADVOCATES): Individuos que muestran el apoyo a una marca de forma genuina y sin recibir ningún tipo de compensación. Lo hacen simplemente porque les gusta la marca, pero no mantienen ninguna afiliación con ella. Estos defensores pueden ser consumidores o empleados que prescriben de manera natural fomentando conversaciones y sentimientos positivos.

AVATAR: En internet entendemos por avatar la representación gráfica de un usuario. Los avatares pueden ser imágenes, iconos o representaciones 3D. Gracias a la continua evolución de la tecnología, los avatares cada vez se asemejan más a personas reales. Actualmente, encontramos múltiples avatares en las redes sociales.

BLUE CHECK O CUENTA VERIFICADA: En las redes sociales observamos que algunas cuentas tienen junto a su nombre una insignia azul ✔, este símbolo significa que esa cuenta es verificada, es decir, que la red social verifica que ese perfil es auténtico y pertenece a un personaje público, marca o empresa.

CHALLENGES: Son desafíos que se difunden en las redes sociales. Suelen consistir en realizar una prueba y compartirla en las redes. Muchos de ellos se convierten en acciones virales que cientos de personan realizan y comparten invitando a otros usuarios a realizar la misma prueba.

CONTENIDO ORGÁNICO: Es el contenido que una empresa genera u obtiene de manera gratuita. En el entorno digital, hace referencia a aquellas publicaciones, contenido escrito o visual en redes sociales, webs y blogs que una marca produce. El éxito del contenido orgánico depende del interés que genere entre los usuarios. Este contenido también puede ser creado por los usuarios de forma natural y desinteresada sin que una marca les pague por ello.

CONTENIDO PAGADO: Es el contenido que una empresa obtiene de un tercero a través de una contraprestación económica. En el entorno digital hace referencia a aquellas publicaciones, contenido escrito o visual, en redes sociales, webs y blogs que una empresa paga. Estos contenidos se suelen considerar publicidad.

CONVERSIONES: En el marketing digital las conversiones hacen referencia a aquellas acciones clave que un individuo realiza en una página web o red social. Estas acciones suelen ser definidas previamente en los planes de marketing digital, y responden a los objetivos o resultados esperados de dichas campañas. Las conversiones pueden ser: suscripciones, nuevos contactos de usuarios, descargas de un documento o programa, compras, etc.

CUSTOMER JOURNEY o «viaje de consumidor»: Es la explicación por etapas del proceso de compra de un consumidor. Los profesionales del marketing estudian y diseñan el proceso de compra con el objetivo de conocer mejor el comportamiento de sus clientes y mejorar su experiencia. Se puede estudiar en cuatro etapas: inspiración y generación de la necesidad; toma de decisiones (búsqueda de información y comparación de alternativas); compra; y poscompra.

eWOM: Electronic Word of Mouth (eWOM) son las conversaciones boca a boca en las redes sociales y plataformas digitales. Los usuarios buscan y comparten cualquier tipo información y con frecuencia difunden sus experiencias relacionadas con productos y servicios. Los profesionales del marketing digital procuran fomentar estas conversaciones en internet entre usuarios y consumidores.

FACTOR F: Es la influencia que ejercen en los consumidores, la familia, los amigos, los fans o los *followers* (del inglés, *Family, Friends, Facebook fans* y *Followers*), que acuden a estos para descubrir nuevos productos o servicios y compartir información y opiniones. El Factor F se considera una tendencia creciente que cada vez impacta más en la toma de decisiones de los consumidores.

FACTOR *IT:* El factor *it* hace referencia a algo o alguien que produce una atracción total. Uno de los usos más comunes es el de *it girl*, término que utilizamos para designar mujeres famosas o *celebrities*. Por ejemplo, en moda son chicas con un estilo propio que resulta muy atractivo y que la gente quiere imitar.

FEED: Sistema digital que se utiliza en blogs, webs y redes sociales, que permite visualizar de manera sencilla y ágil las últimas noticias o publicaciones. En una red social, sería el apartado donde se visualiza todo el contenido que van publicando las personas o empresas que seguimos. En Instagram también se denomina *feed* a la página principal dónde aparecen tus datos del perfil y todas tus publicaciones.

INFLUENCER MARKETING: Es la ciencia de involucrar diferentes perfiles de líderes de opinión y consumidores influyentes a favor de una empresa, con el objetivo de fortalecer su imagen de marca e impulsar las ventas a través del contenido que comparten entre sus contactos y audiencia. La estrategia más común de *influencer marketing* es la colaboración de un *influencer* con una marca para dar a conocer algún producto o servicio.

INFLUENCER: Personas que gozan de reconocimiento social en internet gracias a su amplia comunidad de seguidores en las redes sociales. Son líderes de opinión o influyentes en el entorno digital que comparten contenido –fotos, vídeos, comentarios, etc.– sobre temas concretos en los que gozan de credibilidad y, en múltiples ocasiones, sobre su vida personal. La mayoría de *influencers* realiza colaboraciones con marcas para mostrar los productos o servicios en sus redes sociales. Muchas de estas colaboraciones tienen compensaciones monetarias.

INFLUENTIALS: Personas que influyen de forma natural en su círculo más cercano (amigos, familia, compañeros o vecinos). Se trata de un liderazgo cotidiano, informal y cercano; en muchas ocasiones el *influential* no es consciente de ejercerlo. Suelen tener un campo de conocimiento que les gusta y motiva, convirtiéndose en grandes consumidores de contenidos en su área de interés y difusores de su conocimiento. Por este motivo, son capaces de influir en el comportamiento de sus círculos cercanos.

LEAD: Término utilizado en marketing para denominar a un usuario que ha dado a una empresa sus datos de contacto. La calidad del *lead* dependerá de la cantidad de información personal que dé a la empresa, que esta información sea cierta y de si este nuevo contacto forma parte del publico objetivo de la empresa.

LÍDERES DE OPINIÓN OFICIALES: Personas que gozan del poder de influencia gracias a su cargo público o político, posición, estatus o reconocimiento social o profesional en un área de conocimiento. Pueden ser políticos, empresarios, investigadores, deportistas, cantantes, artistas, etc. Se consideran líderes oficiales porque la sociedad reconoce públicamente su liderazgo.

MACROINFLUENCERS: Influencers con comunidades de 500 000 seguidores a 1 millón. La mayoría de ellos viven de sus ingresos por colaboraciones de *influencer marketing*, aunque la actividad principal de algunos es su trabajo como modelos, músicos, fotógrafos, deportistas o actores. Muchos de ellos cuentan con representantes o colaboran con agencias. La mayoría del contenido que crean es de gran calidad y está elaborado por profesionales.

MEGAINFLUENCERS: Influencers con comunidades de 1 a 5 millones de seguidores. Tienen estatus de *celebrities*. La mayoría de ellos son artistas, actores, cantantes, etc. Influyen en la cultura popular, crean y difunden tendencias a través de sus millones de seguidores y muchos han creado sus propias marcas o empresas. Sus colaboraciones suelen estar reservadas a grandes marcas que invierten miles de euros.

MICROINFLUENCERS: *Influencers* con comunidades de seguidores pequeñas de entre 10 000 y 50 000. Sus seguidores suelen ser locales o de nicho, es decir, interesadas en un tema específico. Además, sus seguidores interactúan mucho con los contenidos que publica el *influencer*, que procura tener una relación cercana con su comunidad.

MICROTARGETING: Metodología basada en el análisis de datos que permite enfocar las acciones de marketing en grupos de consumidores específicos o nichos de mercado. Para esto es necesario conocer en profundidad los intereses, hábitos y características de los individuos que se quieren alcanzar. De este modo se ofrecen campañas, mensajes u ofertas segmentadas, personalizando las estrategias de marketing.

PARENTING: Término que hace referencia a todas las actividades y cuestiones relacionadas con la educación de los hijos. En el entorno digital y en relación con el *influencer marketing*, es toda aquella información que se comparte en redes sociales y plataformas digitales relacionada con la educación y crecimiento de los hijos.

PROSUMIDORES: Término que nace de la unión de las palabras *producto* y *consumidor*. Hace referencia a aquellos usuarios o consumidores que, a través de la información y contenidos que comparten, y de sus opiniones y consejos sobre productos y servicios, ayudan a las empresas a mejorar su oferta o a crear nuevos productos a partir de la información proporcionada. Influyen tanto en la empresa como en otros usuarios.

SHARENTING: Término que nace de la unión de las palabras *share* (compartir) y *parenting*. Es la acción de compartir fotos y videos de los hijos en las redes sociales. Principalmente se refiere a aquellos padres que comparten este tipo de contenido con gran frecuencia, mostrando el crecimiento de sus hijos. Además, algunos padres realizan colaboraciones con marcas que aparecen mencionadas o etiquetas en las fotos de sus hijos.

WOM: WORD OF MOUTH *(WOM)* es un término que se utiliza en marketing para denominar las conversaciones entre individuos de boca a boca. Es la forma más común de transmitir información, experiencias, opiniones. Los profesionales del marketing se han servido de este fenómeno para transmitir sus mensajes comerciales entre los consumidores.

AGRADECIMIENTOS

Cada una de las páginas de este libro es deudora del apoyo y del trabajo de un gran número de personas que de una u otra manera han confiado en mí, me han ayudado y lo han hecho posible.

En primer lugar, quiero dar las gracias a mis padres, sois mis mayores *influencers*. Gracias a toda mi gran familia y amigos por vuestro cariño, apoyo e impulso, en especial a ti, pequeña Almudena, que tanto me has ayudado con este proyecto. También a mi gente de Lugano donde este libro se ha fraguado.

Gracias a Teresa Sábada, mi directora de tesis, por introducirme en la ciencia de la influencia; gracias por tu tiempo y por tu amistad. Tus comentarios, sin duda, han mejorado este libro.

Gracias a ISEM Fashion Business School y a la Universidad de Navarra, por confiar en mí. A todos mis compañeros de trabajo y a mis alumnos, que en las aulas me habéis impulsado siempre a dar un paso más, espero que este libro os sirva de ayuda.

Un inmenso agradecimiento a quienes habéis contribuido a este proyecto de forma directa: Sara, May, Mercedes, Paula, María, Macarena, Cristina, Eugenia, Isabel y Sandra.

Por último, quiero dar las gracias a Víctor Conde, por prologar este libro y por compartir tu visión del *influencer marketing*. A Jeanne Bracken, por creer en este libro y al equipo de LID Editorial, especialmente a Laura Madrigal, por tu confianza, apoyo y trabajo para hacerlo realidad.

BIBLIOGRAFÍA

INTRODUCCIÓN

BROWNSELL, ALEX (2019). «Influencer marketing begins to come of age», WARC.

CASTELLS, M. (2001), *La galaxia Internet*, «Reflexiones sobre internet, empresas y sociedad». Madri: Arete, 235.

GLADWELL, MALCOLM (2006), *The tipping point: How little things can make a big difference*. Little, Brown.

GILLIN, PAUL. (2007), *The new influencers: A marketer's guide to the new social media*. Linden Publishing.

KATZ, ELIHU, Y LAZARSFELD, PAUL F. (2011), *Personal Influence, The part played by people in the flow of mass communications*. Transaction Publishers.

KELLER, EDWARD Y BERRY, JONATHAN (2003) *The influentials: One American in ten tells the other nine how to vote, where to eat, and what to buy*. Simon and Schuster.

SANMIGUEL, PATRICIA (2017), «Influencers: ¿una profesión aspiracional para *millennials*?». *Revista de Estudios de Juventud*, (118), 129-144.

SANMIGUEL, PATRICIA (2018). *Fashion influentials: liderazgo de opinión y comportamiento de compra en moda*. Tesis Doctoral, Universidad de Navarra.

The Business of Fashion (2018), «The Age of Influence». En: https://www. businessoffashion.com/articles/editors-letter/introducing-bofs-latest-print-issue-the-age-of-influence

Cinco Días. En: https://elpais.com/economia/2018/08/24/actualidad/ 1535108623_542005.html

The Guardian. En: https://www.theguardian.com/fashion/fashion-blog/ 2012/oct/29/fashion-bloggers-cashing-in; https://www.theguardian.com/ fashion/2017/may/27/millenial-influencers-new-stars-web-advertising-marketing-luxury-brands

The Washington Post. En: https://www.washingtonpost.com/business/ economy/social-media-influencers-a-marketing-experiment-thats-metastasized-into-a-mini-economy/2016/11/02/bf14e23a-9c5d-11e6-9980

El País. En: https://elpais.com/elpais/2018/04/16/tentaciones/152387 0691_195197.html

The New York Times. En: https://www.nytimes.com/es/interactive/ redes-sociales-bots/

CAPÍTULO 1

BERGER, JONAH (2014), «Word of mouth and interpersonal communication: A review and directions for future research». *Journal of Consumer Psychology*, 24(4), 586-607.

BROWN, DUNCAN, Y HAYES, NICK (2008), *Influencer marketing: who really influences your customers?* Amsterdam [etc..]: Butterworth-Heinemann, cop. 2008.

DENNIS, CHARLES., MORGAN, A., WRIGHT, L. T., Y JAYAWARDHENA, C. (2010), «The influences of social e-shopping in enhancing young women's online shopping behaviour». *Journal of Customer Behaviour*, 9(2), 151-174.

DEL PINO ROMERO, CRISITNA., Y CASTELLÓ MARTÍNEZ, ARACELI (2015), «La comunicación publicitaria se pone de moda: branded content y fashion films». *Revista Mediterránea de Comunicación/Mediterranean Journal of Communication*, 6(1), 105-128.

Del Pino Romero, Cristina., y Fajardo, E. G. (2010), «Internet y los nuevos consumidores: el nuevo modelo publicitario».

Divecha, Farhad (2019), «Exerting your influence: Benchmarking influencer marketing». WARC.

Djafarova, Elmira y Rushworth, Chloe (2017), «Exploring the credibility of online celebrities' Instagram profiles in influencing the purchase decisions of young female users». *Computers in Human Behavior*, 68, 1-7.

Jin, Seung-A. Annie y Phua, Joe (2014), «Following Celebrities' Tweets About Brands: The Impact of Twitter-Based Electronic Word-of-Mouth on Consumers' Source Credibility Perception, Buying Intention, and Social Identification With Celebrities». *Journal of Advertising*, 43(2), 181-195.

Kotler, Philip; Kartajaya, Hermawan y Setiawan, Iwan (2018), *Marketing 4.0: Transforma tu estrategia para atraer al consumidor digital*. Madrid, LID Editorial.

Li, Yung-Ming; Lin, Chia-Hao y Lai, Cheng-Yang (2010), «Identifying influential reviewers for word-of-mouth marketing». *Electronic Commerce Research and Applications*, 9(4), 294-304.

López García, Guillermo (2005), «El ecosistema digital: Modelos de comunicación, nuevos medios y público en internet».

Lynch, P. D., Kent, R. J., y Srinivasan, S. S. (2001), «The global internet shopper: Evidence from shopping tasks in twelve countries». *Journal of Advertising Research*, 41(3), 15-23.

Sanmiguel, Patricia, Guercini, Simone, & Sádaba, Teresa (2018), «The impact of attitudes towards influencers amongst millennial fashion buyers». *Studies in Communication Sciences*, (2).

Sanmiguel, Patricia (2018), *Fashion influentials: liderazgo de opinión y comportamiento de compra en moda*. Tesis Doctoral, Universidad de Navarra.

Schaefer, M. W. (2012), *Return on influence: The revolutionary power of Klout, social scoring, and influence marketing*. New York: McGraw-Hill, cop. 2012.

Solis, Brian (2016), «The Influencer Marketing Manifesto: Why The Future of Influencer Marketing Starts With People And Relationships Not Popularity». Altimeter – Tapinfluence.

Solomon, Michael R., et al. (2014), *Consumer behavior: Buying, having, and being* (Vol. 10). Toronto, Canada: Pearson.

Solomon, M. (2008), *Comportamiento del consumidor* (7ª ed.). Mexico: Pearson educación.

Solis, Brian (2018), «Leading Trends in Retail Innovation», Research Report, Altimeter.

Wolny, J., y Mueller, C. (2013), «Analysis of fashion consumers' motives to engage in electronic word of mouth communication through social media platforms». *Journal of Marketing Management*, 29(5-6), 562-583.

MAVRCK (2018), «Influencer Marketing & Relations Media Distribution». En: https://info.mavrck.co/influencer-marketing-playbook-2018-influencer-marketing-and-relations-media-playbook

MAVRCK (2016), «The State of Influencer Marketing». En: https://www.mavrck.co/mavrck-presents-the-state-of-influencer-marketing-ebook/

Tapinfluence (2016), «Sales Effect Study: Influencer marketing». Research Report.

Brandwatch (2017), «Estudio sobre la evolución de las ventas tras la incorporación de la estrategia de marketing de influencia». En: https://www.brandwatch.com/es/informes-marketing-de-influencia/

Mediakix (2019, 2018, 2017), Influencer Marketing Report.

Mediakix (2019), «Influencer Marketing Effectiveness: Does Influencer Marketing Work?». En: https://mediakix.com/blog/influencer-marketing-effectiveness/

Mediakix (2018), «The Influencer Marketing Industry Global Ad Spend: A $5-$10 Billion Market By 2020». En: https://mediakix.com/blog/influencer-marketing-industry-ad-spend-chart/

Mediakix (2019), «Influencer marketing 2019 industry benchmarks». En: https://mediakix.com/influencer-marketing-resources/influencer-marketing-industry-statistics-survey-benchmarks/

Business Insiders (2019), «Influencer marketing 2019: Why brands can't get enough of an $8 billion ecosystem driven by Kardashians, moms, and tweens». En: https://www.businessinsider.com/the-2019-influencer-marketing-report-2019-7?r=US&IR=T

Adweek. En: https://www.adweek.com/brand-marketing/disregard-speculation-influencer-marketing-is-still-a-necessity-in-strategies/

The New York Times, «¿Estás listo para los nano-influencers?». En: https://www.nytimes.com/2018/11/11/business/media/nanoinfluencers-instagram-influencers.html

The Guardian, «The rise of the nano-influencer: how brands are turning to common people». En: https://www.theguardian.com/commentisfree/2018/nov/14/rise-nano-influencer-brands-celebrities-youtube-instagram

CAPÍTULO 2

Brown, D., y Hayes, N. (2008), *Influencer marketing: who really influences your customers?* Butterworth-Heinemann.

Cruz, M. M. M. DA. (2016), «Generation Z: influencers of decision-making process: the influence of WOM and Peer interaction in the decision-making process».

Cabosky, J. (2016), «Social media opinion sharing: beyond volume». *Journal of Consumer Marketing*, 33(3), 172-181.

Cantoni, L., y Tardini, S. (2010), *Generation Y, digital learners, and other dangerous things. QWERTY Journal of Technology, Culture, and Education, 5 (2)–Special Issue on Generation Y, Digital Learners and Other Dangerous Things*, 11-25.

Dunkley, L. (2017), «Reaching Generation Z: Harnessing the Power of Digital Influencers in Film Publicity». *Journal of Promotional Communications*, 5(1).

EVANS, D. (2010), *Social media marketing: the next generation of business engagement*. John Wiley & Sons.

NAHAI, N. (2012), *Webs of Influence: the psychology of online persuasion*. Pearson UK.

PAGANI, M., HOFACKER, C. F., Y GOLDSMITH, R. E. (2011), «The influence of personality on active and passive use of social networking sites». *Psychology & Marketing*, 28(5), 441-456.

STEPHEN, A. T. (2016), «The role of digital and social media marketing in consumer behavior». *Current Opinion in Psychology*, 10, 17-21.

Manpower Group (2019), «Study on the millennial generation Report».

KPMG (2017), «Meet the Millennials». Report.

Deloitte (2018). «Millennial Survey». Report.

Boston Consulting Group (2019), «Millennials: Engaging an Enigmatic and Influential. Generation»

Boston Consulting Group (2012), «The Millennial Consumer». Report.

Everis (2018), «Tendencias de consumo en el sector de Fashion-Retail». Report

Olapic (2018), «Consumer Research: The Psychology of Sharing». Report.

Olapic (2018), «Consumer Research: The Psychology of Following». Report.

YOUNG, A. M., Y HINESLY, M. D. (2012), «Identifying Millennials' key influencers from early childhood: insights into current consumer preferences». *Journal of Consumer Marketing*, 29(2), 146-155.

VOGEL, E. A., ROSE, J. P., ROBERTS, L. R., Y ECKLES, K. (2014), «Social comparison, social media, and self-esteem», *Psychology of Popular Media Culture*, 3(4), 206.

Forbes (2019), «Ways Millennials And Gen-Z Consumers Are Radically Transforming The Luxury Market». En: https://www.forbes.com/sites/pamdanziger/2019/05/29/3-ways-millennials-and-gen-z-consumers-are-radically-transforming-the-luxury-market/#52592be9479f

CAPÍTULO 3

ARMANO, D. (2011), «Pillars of the New Influence». *Harvard Business Review*. En: https://hbr.org/2011/01/the-six-pillars-of-the-new-inf

CIALDINI, R. B. (2007), *Influence: The psychology of persuasion*. Collins.

GLADWELL, M. (2006), *The tipping point: How little things can make a big difference*. Little, Brown.

KATZ, E., Y LAZARSFELD, P. F. (2011), *Personal Influence, The part played by people in the flow of mass communications*. Transaction Publishers.

KEINAN, A., MASLAUSKAITE, K., CRENER, S., Y DESSAIN, V. (2015), «The blonde salad». Harvard Business School Case, (515-074).

NAHAI, N. (2012), *Webs of Influence: The psychology of online persuasion*. Pearson UK.

SANMIGUEL, PATRICIA (2018), «Fashion influentials: liderazgo de opinión y comportamiento de compra en moda». Tesis Doctoral, Universidad de Navarra.

SANMIGUEL, PATRICIA, Y SÁDABA, T. (2017), «Nice to be a fashion blogger, hard to be influential: An analysis based on personal characteristics, knowledge criteria, and social factors». *Journal of Global Fashion Marketing*, 1-19.

SANMIGUEL, PATRICIA (2018), «Influencer Marketing: un gran aliado para los emprendedores en moda». *Creación de empresas de moda*. (pp.145-170) Eunsa.

UZUNOĞLU, E., Y MISCI KIP, S. (2014), «Brand communication through digital influencers: Leveraging blogger engagement». *International Journal of Information Management*, 34(5), 592-602.

WEIMANN, G. (1994), *The influentials: People who influence people*. SUNY Press.

SOLIS, BRIAN (2017), «Influence 2.0: The Future of Influencer Marketing».

SOLIS, BRIAN (2010), «Social Media's Critical Path: Relevance to Resonance to Significance». En: https://hbr.org/2010/07/social-medias-critical-path-re

Solomon, M. (2008), *Comportamiento del consumidor* (7 ed.). Mcxico: PEARSON EDUCACIÓN.

Mediakix. (2016), «The cmo's guide to influencer». Report.

Traackr. (2013), «Many faces of influence». Report.

Traackr. (2016), «The Marketer's Guide to Mastering Influencer Engagement». Report.

Newberry, Christina (2019), «Influencer Marketing in 2019: How to Work With Social Media Influencers». En: https://blog.hootsuite.com/influencer-marketing/

Mediakix (2019), «Influencer tiers for the influencer marketing industry». En: https://mediakix.com/influencer-marketing-resources/influencer-tiers/

Mediakix (2019), «Influencer marketing 2019 industry benchmarks». En: https://mediakix.com/influencer-marketing-resources/influencer-marketing-industry-statistics-survey-benchmarks/YouTube Creators. En: https://www.youtube.com/intl/es-419/creators/

The New York Times (2019), «These Influencers Aren't Flesh and Blood, Yet Millions Follow Them». En: https://www.nytimes.com/2019/06/17/business/media/miquela-virtual-influencer.html

Insider (2019), «Computer-generated influencers you should be following on Instagram». En: https://www.insider.com/cgi-influencers-you-should-be-following-instagram-2019-9

BBC Worklife (2018), «The fascinating world of Instagram's 'virtual' celebrities». En: https://www.bbc.com/worklife/article/20180402-the-fascinating-world-of-instagrams-virtual-celebrities

Vogue (2018), «From Lil Miquela to Shudu Gram: Meet the virtual models». En: https://www.vogue.fr/fashion/fashion-inspiration/story/from-lil-miquela-to-shudu-gram-meet-the-virtual-models/1843

«Lil Miquela and the rise of digital models». En: https://www.youtube.com/watch?v=ig8ZnFt3UPA&feature=youtu.be

CAPÍTULO 4

Brandwatch, «The most influential parenting bloggers». En: https://www.brandwatch.com/blog/most-influential-parenting-bloggers/

«Instamamis: el negocio detrás de las madres más populares en Instagram». En: https://www.bebesymas.com/ser-padres/instamamis-el-negocio-detras-de-las-madres-mas-populares-en-instagram

Forbes. En: https://www.forbes.com/top-influencers/parenting/#47 a6c9ab5bb8

Forbes España, «The Best Influencers 2019». En: https://forbes.es/business/52452/the-best-influencers-2019/

Mediakix (2019), «Influencer tiers for the influencer marketing industry». En: https://mediakix.com/influencer-marketing-resources/influencer-tiers/

Vogue, «These are the 10 most influential fashion accounts on Instagram». En: https://www.vogue.com.au/fashion/news/these-are-the-10-most-influential-fashion-accounts-on-instagram/image-gallery/44c14932278934770aa7d1b23d6eedd8?pos=7

CAPÍTULO 5

ARREGUI, P. S. M., GARRAZA, T. S., Y DURÁN, S. B. (2017), «El papel de la comunicación personal: en la difusión de nuevas tendencias de moda». *Del verbo al bit* (pp. 2106-2137). Sociedad Latina de Comunicación Social.

BACKALER, J. (2018), *Digital Influence: Unleash the Power of Influencer Marketing to Accelerate Your Global Business.* Springer International Publishing.

BROWN, D., Y HAYES, N. (2008), *Influencer marketing: Who really influences your customers?* Butterworth-Heinemann.

CHAFFEY, D., Y BOSOMWORTH, D. (2012), *Digital Marketing: Strategy, Implementation and Practice*

CHAFFEY, D., Y SMITH, P. R. (2017), *Digital marketing excellence: planning, optimizing and integrating online marketing.* Taylor & Francis.

MARTIN, A. J. (2011), «Return on Influence, the New ROI». *Harvard Business Review*, 27.

SCHAEFER, M. (2012), *Return on influence: The revolutionary power of Klout, social scoring, and influence marketing*. New York: McGraw-Hill.

LaunchMetrics (2018), «Descifrando el Media Impact Value™». En: https://www.launchmetrics.com/es/recursos/blog/descifrar-media-impact-value

Traackr (2016), «The Marketer's Guide to Mastering Influencer Engagement». Report.

Traackr (2017), «Guide to Influencer Marketing». Report

Traackr (2017), «Guide to Influencer Marketing - Supporting Worksheets & Planning Materials». Report

Traackr (2017), «The Ultimate Guide to Content Marketing Strategy». Report

YUKI, TANIA. (2019), «Celebrities, macro-influencers, rising-star creators and micro-influencers: What brands need to know». WARK.

Influencer Marketing Hub (2018), «How to Build a Successful influencer Marketing Program». En: https://influencermarketinghub.com/resources/build-successful-influencer-marketing-program/

Influencer Marketing Hub. En: https://influencermarketinghub.com/instagram-money-calculator/

Harper's Bazaar, «Estas son las seis *influencers* de moda mejor pagadas del mundo (y esto es lo que cobran)». En: https://www.harpersbazaar.com/es/cultura/ocio/g27874938/influencers-moda-instagram-sueldo/

Mediakix (2019), «Influencer marketing checklist: the do's and don'ts of influencer campaigns». En: https://mediakix.com/influencer-marketing-resources/influencer-marketing-campaign-dos-donts/

Mediakix. «The cmo's guide to influencer». Whitepaper. En: https://go.mediakix.com/influencer-marketing-guide/

Federal Trade Commission (2019), «FTC Releases Advertising Disclosures Guidance for Online Influencers». En: https://www.ftc.gov/news-events/press-releases/2019/11/ftc-releases-advertising-disclosures-guidance-online-influencers

Federal Trade Commission (2019), «Disclosures 101 for Social Media Influencers».

WOODS, S. (2016), «#Sponsored: The emergence of influencer marketing».

CAPÍTULO 6

Traackr (2016), «The Marketer's Guide to Mastering Influencer Engagement». Report.

SOLIS, BRIAN (2017), «Influence 2.0: The Future of Influencer Marketing».

HUANG, R., Y SARIGÖLLÜ, E. (2014), «How brand awareness relates to market outcome, brand equity, and the marketing mix». En *Fashion Branding and Consumer Behaviors* (pp. 113-132). Springer, New York, NY.

KELLER, ED., FAY, BRAD. Y MATT. DODD (2019), «The power of everyday influencers in driving business outcomes». WARC.

BALTES, L. P. (2015), «Content marketing-the fundamental tool of digital marketing». Bulletin of the Transilvania University of Brasov. Economic Sciences. Series V, 8(2), 111.

JÄRVINEN, J., TOLLINEN, A., KARJALUOTO, H., Y JAYAWARDHENA, C. (2012), «Digital and social media marketing usage in B2B industrial section». *Marketing Management Journal*, 22(2).

FADER, P. S., Y TOMS, S. E. (2018), *The Customer Centricity Playbook. Implement a Winning Strategy Driven by Customer Lifetime Value*. Wharton Digital Press.

MUKHERJEE, K. (2019), «Social media marketing and customers' passion for brands». *Marketing Intelligence & Planning*.

STEELE, SAFFRON (2019) «How to work effectively with micro-influencers». WARC

Content Marketing Institute (2016) «Influencer Marketing: The Latest Strategies, Templates, and Tools». Report

Traackr. (2013). «Many faces of influence». Report.

WARC (2019) «Influencer Marketing, Top sponsorship industries».

CAPÍTULO 7

Influencer Marketing Hub. En: https://influencermarketinghub.com/influencer-marketing-platforms/

Influencer Marketing Hub. En: https://influencermarketinghub.com/influencer-marketing-agencies/

Influencer Marketing Hub. En: https://influencermarketinghub.com/es/agencias-lideres-de-marketing-de-influencers/

Mediakix. En: https://mediakix.com/influencer-marketing-resources/influencer-marketing-companies-industry-landscape/

Mediakix. En: https://mediakix.com/blog/are-influencer-marketing-companies-the-new-youtube-mcn/

Influencity. En: https://influencity.com/blog/es/agencia-de-influencers

Neoattack. En: https://neoattack.com/agencias-de-influencers/

CAPÍTULO 8

SEBASTIÁN, MARÍA (2019), *El marketing de influencia y su relación con las startups de moda*. Trabajo de fin de grado Publicidad y RR.PP. Universidad de Navarra.

Elle (2019), «La marca española que ya tienen los *influencers* en su armario». En: https://www.elle.com/es/moda/noticias/a28445217/marca-espanola-influencers-instagram-tipi-tent/

Pyme.es, «Tipi Tent, marca de ropa *online* que crece y se expande». En: https://www.pyme.es/tipi-tent-marca-de-ropa-online/

Entrevista a Tipi Tent por Lestillo. En: https://www.youtube.com/watch?v=ArhyoL49EY8

Influgency, «7 claves de la estrategia con influencers de los relojes Daniel Wellington». En: http://influgency.com/daniel-wellington-y-sus-estrategias-de-marketing-en-redes-sociales/

Influencity, «Daniel Wellington, o cómo utilizar Instagram para crecer a paso de gigante». En: https://influencity.com/blog/es/daniel-wellington-o-como-utilizar-instagram-para-crecer-paso-de-gigante/

Econsultancy, «Why influencer marketing is still a winning strategy for Daniel Wellington». En: https://econsultancy.com/why-influencer-marketing-is-still-a-winning-strategy-for-daniel-wellington/

Mediakix, «Instagram Marketing Case Study: How Daniel Wellington Owns Their Instagram Game». En: https://mediakix.com/blog/instagram-marketing-case-study-daniel-wellington/

Influencer Update, «Case study: how Daniel Wellington is still top of the influencer marketing game». En: https://www.influencerupdate.biz/feature/68152/case-study-how-daniel-wellington-is-still-top-of-the-influencer-marketing-game/

Interactiva Digital, «Los supermercados más relevantes en las redes sociales». En: https://interactivadigital.com/empresas-y-negocios-marketing-digital/los-supermercados-mas-relevantes-en-las-redes-sociales/

America Retail, «España: El Corte Inglés y Lidl líderes como 'influencers' en redes sociales». En: https://www.america-retail.com/espana/espana-el-corte-ingles-y-lidl-lideres-como-influencers-en-redes-sociales/

Linkfluence, «How Lidl Used Influencer Marketing to Drive Brand Equity». En: https://www.linkfluence.com/blog/lidl-partnership-heidi-klum

Inforetail, «El poder de las 'influencers' en Lidl». En: https://www.revistainforetail.com/noticiadet/el-poder-de-las-influencers-en-lidl/fcf39900af7f06b880407825e9a69681

You, «Heidi Klum's fifth Lidl fashion range is packed with wearable autumn staples». En: https://www.you.co.uk/heidi-klum-lidl-fashion-range/

Fashionunited, «First Look: Heidi Klum launches Lidl collection during New York Fashion Week». En: https://fashionunited.uk/news/fashion/first-look-heidi-klum-launches-lidl-collection-during-new-york-fashion-week/2017090825789

Retail Analysis, «Lidl Germany launches new influencer campaign». En: https://retailanalysis.igd.com/news/news-article/t/lidl-germany-launches-new-influencer-campaign/i/20040

El Mundo, «Éxito en la I Edición de los Premios Belleza Inteligente Yo Dona by Cien». En: https://www.elmundo.es/yodona/belleza/2019/04/05/5ca6f61bfc6c832a408b4737.html

Fashion Hola, «El imparable negocio de las cazadoras vaqueras personalizadas». En: https://fashion.hola.com/tendencias/2019020866695/cazadoras-personalizadas-tendencia-streetstyle/

Capital,«Denim Souls, diseños exclusivos que reflejan el alma de quien los lleva». En: https://www.capital.es/2018/11/21/denim-souls-disenos-exclusivos-que-reflejan-el-alma-de-quien-los-lleva/

La Vanguardia, «La criticada foto de Gigi Hadid en Instagram comiendo patatas fritas de McDonald's». En: https://www.lavanguardia.com/muyfan/20190416/461692932825/gigi-hadid-foto-mcdonalds-patatas-fritas-instagram.html

Business Insader, «People are slamming Gigi Hadid for her McDonald's Instagram post — and it reveals a massive challenge the fast-food giant still needs to overcome». En: https://www.businessinsider.com/gigi-hadid-mcdonalds-instagram-post-criticism-2019-4?r=DE&IR=T

Letsrebold, «Cómo se ha originado la crisis de H&M y qué podemos aprender». En: https://letsrebold.com/es/blog/origen-de-la-crisis-de-hm-y-que-podemos-aprender/

Medium, «How to survive Twitter storm: racist H&M and reputational risk». En: https://medium.com/@adambuko/how-to-survive-twitter-storm-racist-h-m-and-reputational-risk-c7fa3746b800

Food retail, «Nestlé despide a JPelirrojo y se enfrenta a una grave crisis de marca». En: https://www.foodretail.es/shoppers/Nestle-despide-JPelirrojo-enfrenta-crisis_0_1017198273.html

Marketing Directo, «Nestlé despide a JPelirrojo y abre el debate: ¿Cómo deben trabajar marcas e influencers?». En: https://www.marketingdirecto. com/digital-general/social-media-marketing/nestle-despide-jpelirrojo-abre-debate-deben-trabajar-marcas-e-influencers

Gr Comunicación digital, «#BoicotNestle: Nestlé, frente al toro». En: https://grcomunicaciondigital.wordpress.com/2016/07/13/bociotnestle-nestle-frente-al-toro/

CAPÍTULO 9

BROWNSELL, ALEX (2019), «Influencer marketing begins to come of age». WARC.

SOLIS, B. (2016), «The Influencer Marketing Manifesto: Why The Future of Influencer Marketing Starts With People And Relationships Not Popularity». Altimeter – Tapinfluence.

Businesssoffashion, «The Business of Fashion (2018), The Age of Influence». En: https://www.businessoffashion.com/articles/editors-letter/introducing-bofs-latest-print-issue-the-age-of-influence

Launchmetrics, (2019), «Estatus del marketing de Influencers», Informe

SANMIGUEL, PATRICIA (2018), *Fashion influentials: liderazgo de opinión y comportamiento de compra en moda*. Tesis Doctoral, Universidad de Navarra.

BBC, «Social media stars agree to declare when they post ads». En: https://www.bbc.com/news/technology-46960179

SOLIS, BRIAN (2017) «Influence 2.0: The Future of Influencer Marketing».

SIOW, IDA (2019), «Influencer marketing in Asia: Time for brands and influencers to reclaim its true promise». WARC.

WHALEY, ELIJAH (2019), «Look East to know the future of influencer marketing». WARC

WOMMA (2017), «The WOMMA Guide to Influencer Marketing».

Influencer Marketing Hub, «The Key Influencer Marketing Challenges and How to Overcome Them». En: https://influencermarketinghub.com/key-challenges-influencer-marketing-overcome/

Econsultancy, «Five influencer marketing issues that will dominate 2019». En: https://econsultancy.com/five-influencer-marketing-issues-that-will-dominate-2019-trends/

Mediakix, «11 influencer marketing challenges in 2019». En: https://mediakix.com/influencer-marketing-resources/influencer-marketing-challenges/

Easa Alliance, «EASA best practice recommendation on influencer marketing. 2018». En: https://www.easa-alliance.org/news/easa/easa-launches-best-practice-recommendation-influencer-marketing-0

Mediakix, «Cmo's guide to influencer marketing». En: https://go.mediakix.com/influencer-marketing-guide/

Federal Trade Commission (2019), «FTC Releases Advertising Disclosures Guidance for Online Influencers». En: https://www.ftc.gov/news-events/press-releases/2019/11/ftc-releases-advertising-disclosures-guidance-online-influencers

Federal Trade Commission (2019), «Disclosures 101 for Social Media Influencers».

Puro Marketing, «Fake Influencers: El nuevo modelo para robar a través de las Redes sociales». En: https://www.puromarketing.com/16/31650/fake-influencers-nuevo-modelo-para-robar-traves-redes-sociales.html

CNBC, «Fake followers in influencer marketing will cost brands $1.3 billion this year, report says». En: https://www.cnbc.com/2019/07/24/fake-followers-in-influencer-marketing-will-cost-1point3-billion-in-2019.html

Autocontrol, «Código de publicidad y de comunicaciones de mercadeo de la ICC». En: https://www.autocontrol.es/wp-content/uploads/2018/11/icc-advertising-and-marketing-communications-code-spa.pdf

Issi, «Ley de Servicios de la Sociedad de la Información y Comercio Electrónico». En: http://www.lssi.gob.es/

Terminosycondiciones.es, «La regulación de la publicidad de influencers en España, Europa y más allá». En: https://terminosycondiciones. es/2019/02/07/la-regulacion-de-la-publicidad-de-influencers-en-espana-europa-y-mas-alla/

Later, «Instagram Is Now Hiding Likes in the US: Here's Everything You Need to Know». En: https://later.com/blog/hidden-likes-instagram/

WARC (2019), «What we know about influencers in China».

Advertising Standards Authority (2019), «An Influencer's Guide toma-king clear that adsare ads».

26
años

nos queda mucho por hacer

1993 Madrid
2008 México DF
2010 Londres
2011 Nueva York y Buenos Aires
2012 Bogotá
2014 Shanghái
2018 Nueva Delhi